PSICANÁLISE e FEMINISMO NEGRO

POSSIBILIDADES DE INSCREVER O NÃO DITO

HILZA FERRI

Copyright @2025 Aller Editora.

Publicado com a devida autorização e com todos os direitos, para a publicação em português, reservados à Aller Editora.

É expressamente proibida qualquer utilização ou reprodução do conteúdo desta obra, total ou parcial, seja por meios impressos, eletrônicos ou audiovisuais, sem o consentimento expresso e documentado da Aller Editora.

Editora	Fernanda Zacharewicz
Conselho editorial	Andréa Brunetto • *Escola de Psicanálise dos Fóruns do Campo Lacaniano*
	Beatriz Santos • *Université Paris Diderot — Paris 7*
	Jean-Michel Vives • *Université Côte d'Azur*
	Lia Carneiro Silveira • *Escola de Psicanálise dos Fóruns do Campo Lacaniano*
	Luis Izcovich • *Escola de Psicanálise dos Fóruns do Campo Lacaniano*
Revisão	Flávio Frasseto
Diagramação	Sonia Peticov
Capa	Niky Venâncio

Primeira edição: março de 2025

Dados Internacionais de Catalogação na Publicação (CIP)
Ficha catalográfica elaborada por Angélica Ilacqua CRB-8/7057

F448p   Ferri, Hilza
           Psicanálise e feminismo negro : possibilidades de inscrever o não dito / Hilza Ferri. -- São Paulo : Aller, 2025.
           128 p.

           ISBN 978-65-87399-75-1
           ISBN 978-65-87399-76-8 (livro digital)

           1. Psicanálise   2. Feminismo   3. Negras   I. Título

25-0831   CDD: 150.195
                                                                       CDU 159.964.2

Índice para catálogo sistemático
1. Psicanálise

Publicado com a devida autorização e com todos os direitos reservados por

ALLER EDITORA
Rua Havaí, 499
CEP 01259-000 • São Paulo — SP
Tel: (11) 93015-0106
contato@allereditora.com.br

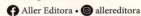

Aller Editora • allereditora

SUMÁRIO

Prefácio   5

Uma gama de cores e texturas   11

A escolha dos tecidos   15

Primeiros alinhavos   26

Outros pigmentos   58

Pontos cerzidos pela menina gasguita   71

Uma nova forma de costurar   83

Combinação de diferentes quadrados – a colcha se faz bela   103

A colcha colore o leito de outros sonhos   126

PREFÁCIO

Numa época como a nossa, em que escutar as diferenças tem sido particularmente difícil, o livro "Psicanálise e Feminismo Negro: possibilidades de escrever o não dito" de autoria de Hilza Ferri tem a ousada proposta de fazer dialogar campos discursivos que, apesar de terem seus pontos de interseção, também distanciam-se bastante no modo de abordagem disso que compartilham.

De fato, este diálogo entre psicanalistas e militantes, muito frequentemente, resvala em divergências difíceis de serem contornadas e que acabam por produzir muito mais resistências do que escuta. De modo que foi com alguma surpresa que recebi o convite de Hilza para prefaciar seu livro, demanda diante da qual me perguntei o que seria possível dizer que não produzisse mais lenha para a fogueira das paixões que animam esses domínios. Embora não esteja de todo certa de que possa conseguir, penso ser importante tentar, especialmente devido à relevância – que hoje consigo entender – de que a psicanálise sustente uma oferta que seja capaz de suscitar a demanda...de análise. Disso depende mesmo a sobrevivência do discurso analítico no mercado dos saberes nos anos vindouros.

O livro parte de uma premissa importante: o fato de que tanto a psicanálise como o feminismo negro debruçam-se sobre algo que excede a normatividade fálica, aquela que Lacan chamou de *norme-male*, neologismo que na língua francesa equivoca o normal com a "norma-macho". De fato, estamos diante de algo que não se submete completamente à drenagem operada pelo significante fálico, aquele que inscreve o impossível como falta na cadeia simbólica. Trata-se, portanto, de uma alteridade radical, estranha à "ordem mundial" que tenta homogeneizar todos os modos de gozo segundo o mandamento do Um. *Woman is the nigger of the world* cantaram Jonh Lenon e Yoko Ono, e o próprio Freud capitulou diante do que ele chamou de "o continente negro".

Sob a égide do discurso capitalista (ou do mestre, do qual o do capitalista é uma variação) esse Outro da diferença permanece um subdesenvolvido, um primitivo excluído da civilização, ou seja, alguém que encarna a falta.

Pois bem, partindo desse mínimo em comum, ou seja, o fato de identificarem na mulher, no negro (mas também, no nordestino, na comunidade LGBTQIA+, entre outros) os avatares disso que historicamente ocupa um lugar de rechaço na cultura por não se encaixarem na ortopedia do gozo fálico, uma vez que isso é identificado, teriam a psicanálise e o discurso feminista negro algo em comum no modo de abordagem dos sujeitos que encarnam essas identidades? Penso que é esta a questão fundamental que o livro de Hilza tenta responder e diante da qual, como sua leitora, gostaria de deixar algumas das reflexões que seu texto me suscitou, não sem, claro, dialogar com o que eu mesma pude extrair de minha experiência pessoal com a psicanálise.

Em primeiro lugar, entendo que a dificuldade de diálogo entre esses dois campos discursivos se deve ao fato de que, muitas vezes, pode parecer que estamos falando da mesma coisa, mas não estamos.

Tomemos, por exemplo, o fato concreto, histórico, do sofrimento do negro num país como o Brasil, construído às custas do tráfico humano e da escravização do povo preto. E dentro desse universo, como foi tão bem delineado por Lélia Gonzales e resgatado aqui na pena de Hilza, temos a mulher negra tratada pela civilização capitalista como lixo. Diante desse horror, muitos e muitas deram seu suor e seu sangue na luta histórica contra a opressão em todas as suas formas e na reivindicação de direitos. Muito foi conquistado socialmente a partir dessa via, inclusive o fato de estarmos aqui hoje, eu e Hilza, duas mulheres, escrevendo e publicando um texto.

No entanto, em meio a essa luta, ocorre, às vezes, de vacilar a fantasia de um sujeito. E é aí, então, que surge uma angústia que o ideal de salvação não dá mais conta de drenar. Nesse ponto um sujeito pode vir a se perguntar sobre isso que experimenta, não como sofrimento particular de um gênero ou de uma raça, mas como o singular daquilo que insiste como repetição na sua própria história.

É aí que, como em toda guerra, como diz o poema de Wislawa Szymborska, "alguém tem que fazer a faxina". O psicanalista é esse que vai se ocupar dos entulhos, dos destroços, trabalhando nessa outra cena, "que não rende fotos e que leva anos", ainda mais, sabendo que ao final seu próprio destino também será o do lixo.

Aqui pode-se contestar: mas aquilo que se experimenta na luta histórica como causa política de um coletivo não incide sobre aquilo que se experimenta como angústia singular? Sim, a constituição sintomática de um sujeito pode se apropriar dos significantes oriundos da conjuntura histórica para localizar um Outro causador do sofrimento. Aliás, não é isso que frequentemente o sujeito chega se queixando nos consultórios, de um outro, seja pai, mãe ou o outro social alçado a esse lugar de causa?

No entanto, o psicanalista é alguém que, pela sua própria experiência de análise, está advertido de que não é disso que se trata na repetição sintomática. Desde Freud, o sintoma do qual a psicanálise se ocupa não é o sintoma social, mas o singular de algo que o próprio sujeito contribui inconscientemente para sustentar. Trata-se, portanto, no coração do sintoma, de um Outro que o próprio sujeito nutre, infla, sustenta, como diz Lacan, nem que seja a título de protesto. "Quem muito se evita, se convive", como diz Riobaldo.

A saída ofertada pela psicanálise, portanto, implica em toda uma travessia na qual será possível identificar em que contribuo eu para a manutenção do meu próprio sofrimento e, uma vez identificado isso, poder me sacar fora. Não fora do mundo da opressão, já que esse não parece dar indício algum de ceder, mas fora do fantasma construído para sustentar minha posição diante desse Outro que oprime.

O discurso analítico faz isso, não prometendo a eliminação da falta, visto que ela é estrutural, mas mudando a valência atribuída a ela. Fazer da castração um bem, na medida em que é ela quem permite a um sujeito sustentar seu desejo, é isso que a psicanálise tem de melhor a ofertar.

Mas, então, se é essa sua promessa, como suscitar o desejo de psicanálise num mundo que alardeia a todo momento a falsa promessa de que seria possível colmatar a falta? A psicanálise terá chances de sobreviver em meio ao avançar do discurso capitalista? Faço votos de que o livro de Hilza possa, em alguma medida, ajudar a sustentar uma resposta afirmativa a esta questão.

LIA SILVEIRA[1]

---

[1] Psicanalista, membro da Escola de Psicanálise dos Fóruns do Campo Lacaniano, membro da EPFCL-Brasil, FCL-Fortaleza.

UMA GAMA DE CoRES E TEXTURAS

*A minha alma 'tá armada e
apontada para a cara do sossego
Pois paz sem voz, paz sem voz
Não é paz, é medo
Às vezes eu falo com a vida
Às vezes é ela quem diz
Qual a paz que eu não quero
Conservar para tentar ser feliz.*

O Rappa[1]

Desassossego – um incômodo que tira a paz e provoca o desejo de movimento, de trocas, de aposta na vida e nos laços sociais – me fez iniciar essa escrita como ato político. Desassossegos e incômodos que impulsionaram esse trabalho, causando torções e rebuliços.

---

[1] "Minha alma (a paz que eu não quero)". *Lado B Lado A*, Warner Music, 1999.

Diante de discursos cada vez mais segregatórios e violentos, precisei escrever sobre a miséria humana. Para isso recorri ao feminino na psicanálise em cruzamento com os feminismos negros. Meu objetivo foi problematizar a psicanálise lacaniana em nosso tempo, neste mundo, interrogando-a juntamente com os aportes construídos pelos movimentos feministas negros diante desse discurso de ódio que circula transversalmente na história da sociedade brasileira.

Durante essa trajetória entre os diferentes dizeres e saberes, com suas distintas geografias, epistemologias e práticas, ebuliram em mim diversas questões: Quais as possibilidades de cruzamentos entre a psicanálise e os movimentos feministas enquanto saídas do discurso alienante e colonizador do patriarcado, do racismo e de outras formas de domínio que tornam o outro um estrangeiro a ser subjugado e dominado? O que pode a psicanálise diante dessas contingências?

Ao percorrer trilhas muitas vezes áridas de nosso país, pelos caminhos cartográficos foi tecido um percurso constituído por giros, torções, bordados, emendas e novas combinações das cores dos retalhos de saberes. Por intermédio de escrevivências[2], percebia a possibilidade de aproximação do feminismo negro e de suas lutas políticas de reparação,

---

[2] Conceito cunhado por Conceição Evaristo, 2014. que fala de histórias vividas e confeccionas no encontro com outras em que a realidade e a ficção se cruzam e discorrem sobre subjetividades marginalizadas e suas potencialidades para fazer rasgos no tecido do discurso (diz-curso) contada pelo dominador colonialista, racista e patriarcal, por meio de rizomas que se entrecruzam em uma semiótica, na qual o dizer afetivo comparece

como a base da pirâmide que luta contra os males sociais, raciais, patriarcais e misóginas, e do feminino na psicanálise com seu discurso furado da não-toda na norma. Escrevivências colhidas a partir da condição de mulher, retirante nordestina com suas mazelas surgidas do encontro com o patriarcalismo racista e marcado com o não dito. Condição de mulher marcada para muito além dos caracteres biológicos; mulher constituída em sociedade patriarcal, misógina. É com esse corpo forjado de mulher que os encontros com outros corpos que tinham e têm marcas distintas acontecem. Marcas que tomam volume pelos diferentes lugares no Brasil que são, na verdade, muitos brasis, com diferentes realidades tanto geográficas quanto inconscientes e, desde aí, se multiplicam.

Assim, essas páginas surgiram com os cortes escolhidos das estantes das memórias de diferentes dizeres e caminhos, prateleiras de madeira onde são expostos os rolos de tecidos coloridos prestes a novas combinações. Esse trabalho consistiu em cruzar diversas histórias, acontecimentos de tempos diversos, texturas distintas, estampas diferenciadas arranjadas ao longo dos anos pelos corpos grafados por marcas próprias em diversos encontros e desencontros, em cartas-grafadas atualizadas para problematizar o cotidiano.

Os passos seguiram por um terreno montanhoso, com altos e baixos, riachos calmos e límpidos e por rios caudalosos com suas travessias lamacentas. Mas, também, por planícies com seu solo de relva amigável que relançavam o

---

constituindo pelas fissuras, novos tecidos que falam de uma verdade ficcional, mas também de uma ficção que diz de uma verdade.

PSICANÁLISE E FEMINISMO NEGRO

fôlego para a próxima etapa. Cada diferente paissagem que surgia não apagava a anterior, somava-se a ela, tornava-me mais sensível às intersecções que formam a beleza da multiplicidade com a qual uma vivência é construída. Havia que organizar essa escrita, fazê-la possível de ser lida. As páginas que seguem são o resultado dessa empreitada.

A ESCOLHA DOS TECIDOS

Deixe-me ir
Preciso andar
Vou por aí a procurar
Rir prá não chorar
[...]
Se alguém por mim perguntar
Diga que só vou voltar
Quando me encontrar

CARTOLA[1]

O corpo se deslocou por esse Brasil, foi exposto ao sol, temperado pelo sal do mar, renovado pelas águas doces dos rios, vestiu-se de diversas cores e texturas, como as paisagens de nosso país. Um trabalho artesanal pôde então surgir, uma colcha de retalho na qual diversas mãos alinhavam e desalinhavam, movimentando agulhas com suas ondas

---
[1] CANDEIA "Preciso me encontrar" Álbum: *Cartola II*. Discos Marcos Pereira, 1976.

sonoras que se faziam ouvir como sussurros em diferentes tons, entregues pelo ventos de diz-versos cantos do país.

Escolhi, ao deslizar meus dedos pelo teclado do computador, o método cartográfico; caminho que se faz caminhando, sem começo, meio e fim, movimento de encaixe e desencaixe, idas e vindas e torções. Caminho a percorrer e caminho percorrido, com encontros e desencontros que causam deslocamentos, transcendem o já pensado e o a pensar. No percurso da escrita, as ideias se entrecruzam, desviam da rota calculada e abrem espaço para a emergência da dúvida, do surpreendente e de algo novo e algo "de novo".

Fazer uma colcha é ir além da costura dos retalhos, esses quadrados de tecidos se intersecionam e se transformam em outra coisa, nova e diferente de quando estavam em pedaços, separados, sem torções, sem emaranhados, limitados em suas bordas sem enlaçamentos. Esse texto, também, a cada ponto, foi tomando corpo. Um corpo sentido, no início, como estranho; com a ansiedade e a aposta daqueles que não sabem o porvir. Mas quem sabe? Quais histórias e dizeres dessa colcha formada por mãos e saberes tão diferentes puderam contribuir como aposta de vida?

Todo ato de conhecer traz um mundo às mãos, [...]
todo fazer é conhecer, todo conhecer é fazer.

MATURANA; VARELA[2]

---

[2] KASTRUP, V.; PASSOS, E. (2013) Cartografar é traçar um plano comum. Fractal: revista de psicologia, 25 (2), 264, citando Maturana e Varela (1990), Disponível em: https://doi.org/10.1590/S1984-02922013000200004, acessado em 25 de fevereiro de 2025.

Esse processo de criação transversal entre diferentes dizeres exige uma responsabilidade ética e política diante da costura.

O método cartográfico me posicionou em um lugar primordialmente desconhecido, pois não se trata de uma verdade como realidade, mas de conhecimento alinhavado no encontro com outras histórias com pontos comuns e universos − une versos − diversos, respeitando o que é heterogêneo e, assim, possibilitando o surgimentos de versos e conversas.

A história dessas linhas se inicia com uma conversa. É com Ana que começo a trocar histórias. Eu relato as minhas a ela, ela me conta as dela, vivências que nos transpassaram. Passado que se presentifica retomado na fala interrompida, tempo relembrado, ressignificado e inscrito enquanto essas escrevivências são forjadas.

Foi com ela, essa outra, que primeiro me emaranhei em dizeres que se encontravam com outras histórias. Duas estrangeiras que se cruzaram e, partindo dessa alteridade, encontraram suas próprias memórias, bom encontro que pôde construir enredos. Mundos tão diferentes, rios que correram em territórios distintos, encontraram-se suas margens, misturaram as águas, mas não se diluíram. Seguiram transformadas em sua composição e cada uma seguiu o curso de sua história.

Desse entrecruzamento do dizer surgiu meu desejo de escrever sobre o emaranhado de dizeres do feminino, precisamente os do feminismo negro. Quais seus pontos de encontro e desencontros? Como tensionar diferenças e, ao mesmo tempo, encontrar pontos de intersecção entre eles?

Para isso decidi percorrer a *via crucis* acadêmica, escreveria uma dissertação e seguiria os protocolos da pesquisa acadêmica. Essa foi a infância do livro que agora é lido. Em um momento, me perguntei: Como escrever cem páginas? No instante de um susto, percebi que enquadrar todos os dizes em um determinado padrão me deixava sem palavras. Aos poucos, pude compreender que o todo nunca poderia ser escrito, porque não há. Assim, ao permitir-me ser tocada por uma letra com suas marcas, o som ecoava uma lembrança em meio a tanta escrita que cabia em mim, as folhas passaram a ser habitadas pelas palavras.

Como lidar com o óbvio? Muitas vezes o óbvio é o mais difícil e o mais insuportável. Insuportável dizer que todos estão certos e também que todos estão errados. Isso é sempre óbvio, certo e errado junto, amalgamados. Que multiplicidade de caminhos se abria! Eu descobria que não havia caminho único, caminho dito, fechado e que apontasse para uma única verdade.

Iniciei pensando a cultura colonialista. Como somos enlaçados por ela? Para tentar responder essa pergunta havia que localizar a colonialidade no enlace da subjetividade com a cultura, pensar de modo situado. A psicanálise aqui tensionada pelas colonialidades, pela Terra colonizada – o planeta adjetivado.

A cultura colonialista é um assunto que interessa tanto à psicanálise quanto ao feminismo negro. O patriarcado, o racismo e outras formas de subalternizações políticas, econômicas, epistêmicas, geram violências, colonizam e subalternizam uma sociedade, embora cada uma dessas opressões seja sentida de maneira diferente desde sua singularidade e em seu coletivo. Haveria possibilidade de cruzamentos entre a psicanálise e os movimentos feministas como saídas para o discurso alienante e colonizador do patriarcado, do racismo e de outras formas de domínio que subjugam e dominam o outro, o estrangeiro?

Essa pergunta e suas deflexões foram reformuladas de diversas formas durante o trajeto experenciado nas leituras, nas trocas com os grupos de estudo e pesquisa e nas vivências com o outro. Dos ensaios de respostas surgiu essa escrita, de rabiscos, remendos, rasuras e inscrições. Escrita cartografia, "carta-grafada", mapa que indica o caminho acontecimento. Mapa que não existia, mas sempre esteve lá, papiro e pena prontos a trabalhar, traços a marcarem com nanquim o trajeto à medida que era trilhado.

Não desavisada, sempre tive presente que o feminino na psicanálise e o feminismo negro se desencontram em alguns pontos do caminho. São campos de saberes, de experiências, atuações e intervenções próprias e, algumas vezes, com dizeres aparentemente antagônicos. A psicanálise trabalha com a falta que é estrutural no sujeito, enquanto o feminismo negro trabalha com a reparação. Entretanto, ambos atuam na ordem da existência, da experiência, da linguagem como formas de desalienação. É aí que esses campos se atravessam, mantendo as diferenças nos possíveis laços marginais.

É nesse lugar desterritorializado que caminho, um lugar de uma estranheza a tudo, *Unheimilich*. Estrada frágil, como a vida e sua impermanência, constante movimento. Caminho munida pela palavra enquanto potência de ação, de descolamento. Um dizer próprio que subverte e tira o sujeito do lugar de puro objeto do Outro.

Acompanhada de Freud e Lacan, parto do lugar que o feminino ocupa na psicanálise. E, em interseccionalidade com o feminismo negro, procuro tensionar esses significantes com suas questões próprias considerando possibilidades de laços e de potência.

A palavra é o ponto comum entre os dois campos, lugar de circulação com sua força de criação, mudança e de prática de liberdade. Tomo a palavra – não se trata de um dar a palavra ao outro, mas de um tomar a palavra pois esse é um elemento importante da luta política, com efeitos no simbólico, no atravessamento do real do corpo e no imaginário, tanto no que se refere à reparação ou à falta. Assim a tomo, não como elemento de opressão e violência como muitas vezes é utilizada.

Essa escrita é marcada por um momento histórico específico, em que se intensificam os sistemas fascistas em nosso mundo com o retorno dos discursos conservadores dos valores morais e, ao mesmo tempo, ultraliberais no campo econômico pondo em risco direitos e garantias conquistados ao longo de mais de um século de lutas. O discurso de ódio vigente no tempo da composição dessas linhas dá suporte a atos de violência na fala, na economia, na política, restringindo direitos das intencionalmente nomeadas minorias, que são na verdade maioria numérica. Frente a esse panorama, resta fugir para adiante, ampliar alianças e criar novas rotas pelas quais a palavra circule e não fique presa em um circuito trancafiado pelo ódio.

O diálogo entre as alianças deve ser aquele que mantém as diferenças, sem escamoteá-las, mas examinando-as de frente. Como ressalta a psicanálise, é o próprio real que está em jogo, pois o inconsciente é a política que se manifesta em seu tempo.

A psicanálise deve estar implicada em sua época ou fracassará. Como corolário, o papel do analista se amplia para além da escuta daquele que fala no divã, para além da psicanálise em intensão. É essencial ao ofício do psicanalista escutar também os discursos que circulam na sociedade, a realidade que se apresenta concretamente incluindo a incapacidade de alguns em aceitar a alteridade radical. É justamente nesse traçado que a agressividade é fomentada, e a pulsão de morte, muitas vezes, ultrapassa a de vida. O roteiro desse exercício é construído ao longo do caminho, pois os desafios persistem, mas a palavra é capaz de furar muros, possibilitar trocas e, assim, fazer laços para seguir menos sozinho no restante do longo roteiro construído a cada passo.

O analista não pode recuar no seu dizer enquanto sujeito inserido em um dado momento histórico/político. Para que sua participação na pólis seja efetiva, deve promover as diferentes formas de discurso e apontar o engodo do discurso totalitário e alienante. Consequentemente é necessário ousar sair do dito princípio de neutralidade, de seu dizer silencioso para posicionar-se na psicanálise em extensão. Haverá sempre uma tensão entre o indivíduo e a cultura, sendo o analista aquele que pode articular o universal à singularidade de cada sujeito.

A prática discriminatória, seja por raça, classe, gênero, ou qualquer outro critério, ofende a subjetividade da humanidade. Questões sociais, hoje tão atuais, como a opressão, o poder e a política de domínio de corpos já foram pensadas

PSICANÁLISE E FEMINISMO NEGRO

por Freud em *O Mal-estar da civilização*[3] ou em *Psicologia das massas*[4], por exemplo. De acordo com Colao e Siqueira, o pai da psicanálise afirma que "O Outro é via de regra considerado enquanto modelo, objeto, auxiliador e adversário, e portanto a psicologia individual é desde o início a psicologia social, num sentido ampliado, mas inteiramente justificado[5]". Portanto, entender que o sujeito está inserido em uma determinada época, ajuda a compreender e localizar suas complexas redes de relações com o Outro e sua dinâmica pulsional. Jacques Lacan, por sua vez, afirma que o inconsciente é o discurso do Outro. Esse Outro como o tesouro dos significantes, que produz efeitos inconscientes, como os de tropeços de linguagem. Ele enuncia: "Se existe algo que está no fundamento de toda experiência analítica, é certamente o fato de que temos uma enorme dificuldade de apreender aquilo que há de mais real em torno de nós, isto é, os seres humanos tais como são.[6]"

Se entendermos revolução como luta armada, golpe de Estado, há que se admitir que a psicanálise é excluída desse

---

[3] FREUD, S. (1930) Mal estar na civilização. In: FREUD, S. *O mal-estar na civilização, novas conferências introdutórias à psicanálise e outros textos (1930-1936)*. São Paulo: Companhia das Letras, 2010.

[4] FREUD, S. (1921) Psicologia das massas e análise do eu. In: FREUD, S. *Psicologia das massas e análise do eu e outros textos (1920-1923)*. São Paulo: Companhia das Letras, 2011.

[5] COLAO, M.M.; SIQUEIRA, J. T. F. *Psicanálise: uma relação dialética entre o individual e o social?* Estud. psicanal. [online]. 2018, n.49 Disponível em: http://pepsic.bvsalud.org/scielo.php?script=sci_arttext&pid=S0100-34372018000100012&lng=pt&nrm=iso., acessado em 26 de fevereiro de 2025.

[6] LACAN, J. (1956-1957). *O Seminário, livro 4: a relação de objeto*. Rio de Janeiro: Jorge Zahar Editor,1995, p. 226, aula de 11 de março de 1957.

âmbito. Porém, podemos afirmar que a psicanálise é subversiva e, como consequência, o profundo aspecto anticapitalista do discurso psicanalítico é destacado. O discurso do analista e sua prática apontam para a divisão do sujeito como ser falante, para os limites das verdades únicas, para a multiplicidade de saberes, de afetos e portanto para o que está na margem e não na tomada de poder, pois não é de poder que a psicanálise trata, pelo menos não deveria ser.

Ainda que a psicanálise seja subversiva, nem sempre os analistas o são. A invenção freudiana aponta a divisão do sujeito como ser falante, aponta os limites das verdades únicas, a multiplicidade de saberes e afetos na construção do inconsciente pessoal. Isso localiza a psicanálise em posição oposta às práticas preconceituosas, pois entende o outro em sua diferença radical incluindo os desencontros, e busca meios para que, no laço social, novas trocas e relações menos destrutivas possam ser construídas.

A habilidade de incluir a diferença radical marca também os próprios limites e âmbitos de atuação da psicanálise. Com seu marco fundamental delimitado, ela abdica de qualquer pretensão de deter o saber sobre um paradigma de modo de existência. Põe-se a pensar o quanto o sujeito localiza no próximo a sua agressividade, podendo até levar esse outro à morte.

Além de Freud e Lacan, converso com autoras feministas do movimento negro como Lélia Gonzales, Grada Kilomba, Chimamanda Adichie, Angela Davis. Utilizo, também, textos que tratam de escrevivências, como os de Conceição Evaristo. A escrevivência narra histórias, fala de vivências e sentires partilhados com outros, experiências coletivas que tocaram o sujeito. Essas escrevivências que podem ser as histórias de tantas mulheres ou meninas, aquelas que um dia já foram o rebotalho, a outridade, o excluído e o resto. A diversidade de histórias, a sonoridade dos diferentes timbres das vozes do feminino não-todo, furado, atravessado pela falta, marcado pelos restos, bem como os dizeres contados pelas vozes do feminismo negro sobre o que foi escondido e o que tem a dizer sobre o que atravessou o corpo e a língua, são as razões que justificam adentrar diferentes discursos que se cruzam sem empalidecer suas particularidades, suportando o insuportável do desencontro.

Esses dizeres distintos margeiam-se na busca da linguagem em sua experiência com o corpo real. Trata-se de um ponto incisivo de corte que avança no seu dizer ético decidido de rompimento com o que aliena e subjuga, faz laços entre o feminino na psicanálise e o feminismo decolonial negro na nossa atualidade.

Inspirada nas escrevivências de Conceição Evaristo[7], essa cartografia se torna texto, uma carta-grafada em várias línguas pelos caminhos calçados com os paralelepípedos das contações de histórias, permitindo o encontro com corpos femininos/feministas e com seus dizeres em suas intersecções. Essas páginas ganham palavras digitadas no fundo branco, grafando-as com histórias de experiências singulares e coletivas, ficcionalizadas em um tempo do inconsciente. Histórias que falam de várias vidas: vidas de tias, irmãs, avós, mães, colegas, filhas, pacientes; tantas e tantas vidas cujos caminhos se cruzaram inúmeras vezes.

---

[7] EVARISTO, C. *Olhos D'Água*. Rio de Janeiro: Pallas, 2014.

Essa carta-grafada é inspirada nas escrevivências com casos e causos de vidas. As escrevivências se aproximam do mundo, esses causos são casos de vidas compartilhadas, em que o eu e o nós não habitam espaços geográficos distintos, mas estão interligados nas suas singularidades e diferenças em vozes que ressoam. Por vezes, essas vozes fazem marcas e, com sorte, a história vira texto límpido.

Ao examinar um mapa, os rios são destacados – por eles navega a vida em seu fluxo. Em raras ocasiões volta-se a atenção para as margens. É sempre nas margens que esses encontros aqui descritos acontecem. As margens não invadem o leito, mas dão contorno a ele. Nelas acumulam-se os troncos, os restos, e é a eles que meus ouvidos se abriram desde muito cedo. Vegetação diversa, que anuncia as profundidades, firmes. Discursos que não se dissolvem, restos, retalhos escolhidos e armazenados no coração de quem em algum momento foi outridade e esteve na margem.

PRIMEIROS ALINHAVOS

[...]
Já se pode ver ao longe
A senhora com a lata na cabeça
Equilibrando a lata vesga
Mais do que o corpo dita
O que faz o equilíbrio cego
A lata não mostra
o corpo entorta
Pra lata ficar reta
[...]
E a força que nunca seca
Pra vida que é tão pouca

MARIA BETHÂNIA[1]

Essa música canta o sofrimento em um espaço onde falta o básico e destaca a força de um povo que sobrevive

---

[1] CÉSAR, C.; DA MATA, V. "A força que nunca seca" Álbum: *A força que nunca seca*, BMG Music Brasil, 1999.

com escassos recursos. Como mulher branca, nordestina e retirante, que passou por todas as dificuldades resultantes da diáspora, tão comum ao povo nordestino – um povo que se coloca estrada afora com o coração dividido entre a saudade de sua terra e a esperança de encontrar caminhos menos áridos –, solidarizo-me com a dor do povo negro e, especialmente, das mulheres negras que, pelas interligações de raça, classe e gênero, são colocadas como os restos dos restos de uma sociedade expropriatória capitalista. Mulheres negras que representam todos que não tiveram direito de escolha, pois foram arrancadas de seu solo, obrigadas a se subjugar aos costumes, religião e colocar os seus corpos forçadamente à disposição do Outro escravagista, patriarcal e perverso.

A partir dessa inconsistência, da falha, da desproporção, surgem questões sobre os impasses da psicanálise diante de políticas de exclusão, opressões patriarcais e racistas sobre certos corpos e dizeres. Esses sistemas colonialistas e capitalistas tocam, de forma explícita, o real do corpo, ao negar a palavra e a língua do outro que foi feito de outridade.

Segundo Gallano[2], Duras situa o feminino a partir da "falha na lógica do Universo", da própria falha da linguagem, nas suas exclusões ou no que não consegue alcançar e, a partir disso, localiza a possibilidade de irromper um amor ao saber. Um saber não-todo que suporta a heteridade com seus desencontros. Heteridade não como marca normativa, mas como o registro da alteridade que não se cala diante de normas coercitivas e repressivas que visam a subjugação.

---

[2] GALLANO, Carmen. *A alteridade feminina*. Campo Grande: Andréa Carla Brunetto, 2011, p. 16.

Na música de Chico Buarque e Gilberto Gil, há o verso: "Pai, afasta de mim este cálice". O sistema patriarcal diz: "Beba este cálice, cale-se!" Mesmo assim, há brecha para que se diga não a esse pai, ao poder patriarcal, racista. Brecha pela qual o cálice pode ser cuspido: "o que me importa ser filha da santa, melhor seria ser filha da outra, outra realidade menos morta.[3]".

As brechas que, abertas por cada um, tornam possível que a parte morta no real do corpo, a carne marcada no rosto, no nome possa renascer para fazer algo distinto do destino perversamente programado. A herança de sofrimentos, estruturada com o pior deixado pelas marcas do colonizador, pode ser cuspida. Todos os que foram excluídos e não negaram suas misérias podem ser capazes de criar o novo a partir desses restos.

Freud também dizia que somos marcados por uma história, mas não só. Para ele também há algo inato. Lacan o acompanha e fala dessa irredutibilidade, da marca indelével, algo perdido para sempre, um saber que não se sabe, mas se sente. Para isso há que estar atento ao que escapa, ao que é inapreensível pela linguagem, ao que está fora da norma. Essa é a posição feminina para a psicanálise, uma posição capaz de abrir-se a novas inscrições, a uma nova escritura como marca de um novo corpo fruto de novos caminhos pulsionais.

Nessa posição o sujeito é capaz de dizer algo que sente, mas que é indizível, trazendo em si a alteridade radical não

---

[3] BUARQUE, Chico; GIL, Gilberto (1978). "Cálice" *Chico Buarque*. Polygram/Philips, 1998.

nomeada pela linguagem, um gozo suplementar e não complementar, que é aberto e não completamente colonizado pela linguagem.

Ana Paula Prates, em "A heteridade e os discursos", escreve:

> O feminino também faz objeção ao discurso capitalista por meio do seu modo de gozo. O próprio modo de gozo não-todo fálico da mulher se recusa a ser totalmente colonizado pelo discurso. Na minha clínica é a isso que a análise conduz, inclusive nos homens, suportarem o não-todo.[4]

Ana Emília Lobato, por sua vez, defende que temos um "corpo-herança, corpo bio-gráfico", corpo marcado pela história, grafias que marcam esses "corpos-sujeitos--falantes". Mas temos também algo não apreensível, "um granito de *fatum*, uma marca irredutível". A autora aponta um "destino espiritual". Esse destino seria uma "marca irredutível" que se teima em escrever. Somos, portanto, formados bio-graficamente por uma história, mas temos algo de uma essência que Lobato nomeia destino espiritual. A autora escreve:

> O corpo, em sua materialidade, sua arquitetura, sua paisagem, é também um texto, uma escrita da vida que foi se tecendo [...] a cada aprendizado, cada espanto, cada

---

[4] PRATES, A. L. "A heteridade e os discursos" In: GUSSO, H.C (org.) *Misoginia e psicanálise*. São Paulo: Lavratus Prodeo, 2022, p.139.

gesto [...] recortando e costurando, escolhendo e decidindo nisso que foi herdado; aprendendo a partir disso que não "aprende nunca", desse chão simultaneamente granítico e espiritual, singular e irredutivelmente plural. [5]

O feminino, na psicanálise, aproxima-se do que é ancestral ao se referir ao que não foi ocupado pelo discurso, é uma abertura ao fazer singular e às diferenças. É um feminino ancestral produtor de alteridades, pluralidades sem resultar em desigualdades; nem complemento e sim suplemento; não tampona, é não universal. Mostra o impossível de ser colonizado pela linguagem desse Outro com seu dito imperioso, tocando o que lhe é alheio, o que tocou no real do corpo; permeia o que não tem sentido, mas é sentido no feminino. Dessa forma, o feminino com seus furos fez e faz resistência ao discurso dominante do todo colonizador.

Para construir o inédito é necessário que antes o sujeito se aproprie da própria história – construída conjuntamente com outros. Os dizeres do feminino na psicanálise e dos feminismos negros são uma aposta em novos caminhos, caminhos esses que me tocam, que me sensibilizam e me fazem querer construir laços de dizeres que rompam silêncios de vidas mutiladas por dores que precisam ser inscritas como uma potência criadora. Há uma distinção entre teorias feministas negras e os movimentos feministas negros

---

[5] LOBATO, A. "Corpo-herança, corpo bio-gráfico. Dossiê: pensamentos guerreiros contra a colonialidade" In: *Revista Cult*, n.271. Disponível em: https://revistacult.uol.com.br/home/corpo-herança-corpo-bio-grafico/, acessado em: 26 de fevereiro de 2025.

em suas práticas: as primeiras se organizam no âmbito não só da pesquisa, mas também de formulações teóricas e conceituais; a segunda em torno de lutas por direitos civis. Essas duas dimensões não são excludentes. No âmbito das discussões sobre interseccionalidade de Collins e Bilge[6], são pensadas como coextensivas, pois uma está implicada na outra como forma de afirmação e de luta política. Nessas páginas, atenho-me ao feminino na psicanálise, porém minha escrita já está afetada pelo feminismo negro, tanto em termos teóricos quanto em relação aos movimentos sociais e suas implicações com a linguagem nas suas formas de opressão.

Há que considerar que a psicanálise é um ofício exercido por diferentes sujeitos que se constituem inseridos no contexto histórico no qual vivem. Portanto, é possível encontrar sujeitos que exerçam uma dita psicanálise desde um espaço patriarcal, colonial, com princípios capitalistas e racistas, levando a um silêncio cúmplice do ódio vivenciado nos últimos tempos da nossa política, especialmente no governo Bolsonaro (2019-2022).

O Brasil, como também diferentes locais do mundo, tem encoberto cada vez menos as estratégias políticas da extrema direita alinhadas ao neoliberalismo selvagem. Essa intensificação pode ser visualizada pelos contornos peremptórios das eleições presidenciais de 2018 e durante todo o governo que se seguiu, bem como pelo comportamento frente à derrota nas eleições de 2022. O resultado

---

[6] COLLINS, P. H.; BILGE, S. *Interseccionalidade*. São Paulo: Boitempo, 2020.

PSICANÁLISE E FEMINISMO NEGRO

de 2018 foi moldado ao longo de alguns anos com discursos de ódio descarados, que se repetiam continuamente. Comecemos pela ocasião do impeachment da presidente Dilma Rousseff, quando Bolsonaro dedicou seu voto a Ustra, que a havia torturado durante o período da ditadura militar brasileira. A fala do então deputado federal foi: "Pela memória do coronel Carlos Alberto Brilhante Ustra, o pavor de Dilma Rousseff, pelo exército de Caxias, pelas Forças Armadas, pelo Brasil acima de tudo e por Deus acima de tudo, o meu voto é sim[7]". Com essas palavras, ele demonstrava a que vinha.

Durante a pandemia causada pelo Covid-19, Jair Bolsonaro, então presidente da República, comportou-se com desprezo e cinismo diante do número crescente de mortos. Negou a doença, dizendo que era só uma gripezinha. Em campo contra os conceitos científicos, demorou para adquirir as doses de vacina produzidas e comandou uma ferrenha campanha contra a vacinação. Como resultado, muitos cidadãos brasileiros, os que o seguiam, deixaram de se vacinar.

Foi opositor entusiasta do projeto de lei da Câmara (PLC) nº 122/2006 que buscava criminalizar a homofobia e todos os crimes de discriminação ou preconceito de gênero, sexo, orientação sexual e identidade de gênero.

---

[7] BOLSONARO, J. apud BARBA, M. D.; WENTZEL, M. Discurso de Bolsonaro deixa ativistas 'estarrecidos' e leva OAB a pedir sua cassação. BBC News Brasil. Disponível em: Discurso de Bolsonaro deixa ativistas 'estarrecidos' e leva OAB a pedir sua cassação – BBC News Brasil, acessado em: 02 de março de 2025.

Chegou a defender que os pais pudessem agredir fisicamente os(as) filhos(as) para mudar o comportamento deles(as), caso suspeitassem que o(a) filho(a) fosse homossexual.

Com relação aos(às) professores(as) que buscaram construir uma escola sem censura, promovendo os direitos democráticos, Bolsonaro os(as) demonizou e perseguiu, chamava- os(as) de escória, esquerdistas, comunistas. Defendeu hipocritamente a escola sem partido que, sob o véu da neutralidade, amordaça o dizer das(os) professoras(es) resultando em censura para coibir discussões, questionamentos políticos e históricos, uma condição insuplantável para a construção da memória crítica de um povo.

Mirando um suposto direito dos pais de blindarem seus filhos do convívio com pensamentos discordantes da família, afastando essas crianças do convívio social, esforçou-se, sem sucesso, para aprovar o *homeschooling*.

Ao se referir a cidadãos brasileiros nordestinos, também utilizou várias falas pejorativas.

> Falaram que revoguei o luto de Padre Cícero, lá do Pernambuco, é isso mesmo? Que cidade fica lá? [...] Cheio de pau de arara aqui e não sabem em que cidade fica Padre Cícero? [...]Parabéns aí. Ceará, desculpa aí, Ceará.[8]

---

[8] UNIVERSO ON-LINE (UOL). *Bolsonaro chama assessores de 'pau-de--arara' e erra origem de Padre Cícero*. UOL São Paulo, 03/02/2022. Disponível em: https://noticias.uol.com.br/politica/ultimasnoticias/2022/02/03/bolsonaro-chama-assessores-de-pau-de-arara-padre-cicero.amp.htm, acessado em 26 de fevereiro de 2025.

Lula venceu em 9 dos 10 estados com maior taxa de analfabetismo. Vocês sabem quais são os estados?[9]

Um deles é cearense, um cabeçudo aqui do meu lado também. Porra, eu acho que o estômago é maior do que a cabeça dele. Imagina como ele come, né?[10]

Agregou a misoginia ao seu discurso segregatório:

Eu tenho cinco filhos. Foram quatro homens, aí no quinto eu dei uma fraquejada e veio uma mulher.[11]

Continuou a proferir sua mensagem discriminatória e racista:

Eu fui num quilombo. O afrodescendente mais leve lá pesava sete arrobas. Não fazem nada! Eu acho que nem para procriador ele serve mais. Mais de R$ 1 bilhão por ano é gasto com eles.[12]

---

[9] SOARES, I. *Bolsonaro relaciona alto desempenho de Lula ao analafabetismo no Nordeste.* Correio Brasiliense, 06/10/2022. Disponível em: Bolsonaro relaciona alto desempenho de Lula ao analfabetismo no Nordeste, acessado em 26 de fevereiro de 2025.

[10] REDAÇÃO CUT. *Confira os 10 piores insultos de Bolsonaro aos nordestinos.* CUT BRASIL, 12/10/2022 Disponível em: Confira os 10 piores insultos de Bolsonaro aos nordestinos – CUT – Central Única dos Trabalhadores, acessado em: 26 de fevereiro de 2025.

[11] REDAÇÃO. *Bolsonaro: "Eu tenho 5 filhos. Foram 4 homens, a quinta eu dei uma fraquejada e veio uma mulher.* 05/04/2017. Disponível em: Bolsonaro: "Eu tenho 5 filhos. Foram 4 homens, a quinta eu dei uma fraquejada e veio uma mulher" | Revista Fórum Acessado em: 26 de fevereiro de 2025.

[12] CONGRESSO EM FOCO. *Bolsonaro: "Quilombola não serve nem para procriar".* Congresso em foco. 05/04/2019. Disponível em: https://

Ô Preta, eu não vou discutir promiscuidade com quem quer que seja. Eu não corro o risco porque meus filhos foram muito bem educados e não viveram em ambientes como lamentavelmente é o teu.[13]

Essa foi a resposta que Bolsonaro deu à cantora Preta Gil, quando perguntado sobre o que faria se seu filho se apaixonasse por uma negra, em março de 2020. Em um segundo momento, ele disse ter entendido errado a pergunta, afinal é crime o que declarou e seria penalizado se confirmasse seu discurso racista.

Prometeu manter-se no poder a qualquer custo, utilizando-se de um discurso antidemocrático e fascista:

Nossa bandeira jamais será vermelha! Só será vermelha se for preciso o nosso sangue para mantê-la verde e amarela.[14]

Eu quero todo mundo armado. Que povo armado jamais será escravizado.[15]

---

congressoemfoco.uol.com.br/amp/projeto-bula-reportagem/bolsonaro-quilombola-nao-serve-nem-para-procriar/ cessado em: 26 de fevereiro de 2025.

[13] G1 Brasília. *Deputado associa na TV namoro com negras a 'promiscuidade'*. G1 Brasília, 29/03/2011, Disponível em: https://g1.globo/politica/noticia/2011/03/deputado-associa-na-tv-namoro-com-negras-promiscuidade-html, acessado em: 26 de fevereiro de 2025.

[14] BOLSONARO, J. *Discurso do Presidente da República, Jair Bolsonaro, durante cerimônia de Recebimento da Faixa Presidencial – Brasília, 1º de janeiro de 2019*. Disponível em: Discurso do Presidente da República, Jair Bolsonaro, durante cerimônia de Recebimento da Faixa Presidencial – Brasília, 1º de janeiro de 2019 — Ministério das Relações Exteriores, acessado em 26 de fevereiro de 2025.

[15] BBC NEWS. *Vídeo de reunião de Bolsonaro é divulgado na íntegra pelo STF; veja falas mais importantes 22/05/2020*. Disponível em: Vídeo

PSICANÁLISE E FEMINISMO NEGRO

Só saio preso, morto ou com vitória. [...] Quero dizer aos canalhas que eu nunca serei preso.[16]

A lista de frases disseminando o ódio é extensa e soma-se ao rol de absurdos a imitação de pessoas sem ar na pandemia, a política de desmanche da saúde e da educação públicas, o incentivo a queimadas, o desprezo pelos povos indígenas – resultando no etnocídio do povo indígena Yanomami e de tantos outros povos originários e tradicionais –, o aumento da fome e da violência policial nas favelas e atos terroristas, como a tentativa de acionar bomba próximo ao aeroporto de Brasília e a invasão às sedes dos três poderes da República. Essas descrições não se referem, aqui, a apenas uma pessoa, mas a um contexto amplificado por uma figura ubuesca que toma corpo em um contexto histórico, seu conteúdo demonstra o que vivemos em nossa atualidade.

O que pode a psicanálise frente ao ódio que rejeita o diferente, que se coloca em uma posição do todo, do totalitário, fixo em valores patriarcais, racistas, homofóbicos, sexistas, xenofóbicos e a todos os tipos de preconceitos que privilegiam uma parcela específica da população que detém o controle econômico e político?

---

de reunião de Bolsonaro é divulgado na íntegra pelo STF; veja falas mais importantes – BBC News Brasil, acessado em 26 de fevereiro de 2025.

[16] BBC NEWS. 'Nunca serei preso': Bolsonaro ataca Judiciário e questiona eleições em discurso na Paulista, 07/09/2021. Disponível em: 'Nunca serei preso': Bolsonaro ataca Judiciário e questiona eleições em discurso na Paulista – BBC News Brasil, acessado em 26 de fevereiro de 2025.

Dessa forma, entendo que o feminino na psicanálise lacaniana, com seus furos, no sentido de não tamponar faltas e mantê-las abertas dentro e fora dos seus consultórios e o feminismo negro em suas lutas por restituições e reparações tenham muito o que contribuir nessa comunicação entre singularidades heterogêneas, favorecendo a construção de um diálogo com abertura para a diferença.

O racismo diário vivido por mulheres negras, a deslegitimação do conhecimento, costumes e crenças produzidos por elas, os abusos físicos e sexistas, a miséria, o subemprego e a consequente falta de segurança alimentar, são formas de controle e dominação étnico/racial, pois negam a certos corpos o direito a garantias básicas. Com isso em vista, Mikki Kendall afirma que "Quando o trabalho centraliza os alvos mais marginalizados de abuso e assédio sexual, ele beneficia não só os mais marginalizados, mas todo mundo.[17]". A fala dessa autora reforça a importância de um trabalho nas políticas de poder sobre 'certos corpos' como o das mulheres negras nos quais ocorre a junção de raça, classe e gênero que as coloca em uma posição marginal, na base da pirâmide de desigualdades, como restos.

No livro *Misoginia e Psicanálise*, no capítulo escrito por Fabiana Villa Boas, "Sobre racismo e Misoginia", é possível ler:

A mulher negra está na base de quase todas as pirâmides que possamos pensar: de pobreza e distribuição de renda,

---

[17] KENDALL, Mikki *Feminismo negro na periferia: comentários das mulheres que o movimento feminista esqueceu*. Santo André: Rua do Sabão, 2022, p.78.

de taxa de desemprego, de acesso à Saúde[...] Isso significa que a mulher negra é quem mais padece no sistema capitalista.[18]

Faz-se necessário visitar o passado para escancararmos os processos violentos de opressão racial e patriarcal, de subjugações aos quais o povo negro foi submetido e que ainda se perpetuam, especialmente para mulheres negras que tiveram como consequência o apagamento de suas histórias ancestrais e que, hoje, lutam pelo direito de revivê-las. O feminismo negro busca reparar e restituir o que lhes foi negado, usurpado e reencontrar as vozes silenciadas na calada das noites e dos dias. Vozes provenientes dos corpos dessas mulheres, que agora são espaços para reparações e restituições das próprias memórias ancestrais e seus contos.

Isso implica considerar que a psicanálise deve ter um discurso oposto ao do capitalista e Lacan anuncia isso no seu seminário *De um discurso que não fosse semblante*, quando fala:

Uma coisa muito concreta, que temos ao nosso alcance, é o chamado subdesenvolvimento. Mas isso, o subdesenvolvimento, não é arcaico: é produzido, como todos sabem, pela extensão do império capitalista. Eu diria até, além disso, que o que percebemos, e que perceberemos cada vez mais, é que o subdesenvolvimento é, muito precisamente,

---

[18] VILLA BOAS, F. "Sobre racismo e Misoginia", In: GUSSO, H. C. *Misoginia e psicanálise*. São Paulo: Lavratus Prodeo, 2022, p. 165.

a condição do progresso capitalista [...] Mas o que é preciso ver é que temos de enfrentar um subdesenvolvimento que será cada vez mais patente, cada vez mais extenso. Trata-se, em suma, de pormos uma coisa à prova: se a chave dos diversos problemas que se proporão a nós não está em nos colocarmos no nível do efeito da articulação capitalista que deixei na sombra no ano passado, ao lhes fornecer apenas sua raiz no discurso do mestre. [...] É preciso ver o que podemos extrair do que chamarei de uma lógica subdesenvolvida.[19]

Anos antes, em *A ética da psicanálise*[20], Lacan cita Freud ao explanar sobre o quanto o homem pode ser violento e agressivo com o outro, tornando-o um objeto a ser destruído. Para que a psicanálise possa estar à altura de seu tempo, ela deve estar atenta aos fenômenos de grupo que geram discursos de ódio, que são produtores de segregação, racismo e todo tipo de subjugação. Para tanto, a psicanálise utiliza o que não se enquadra no discurso do todo, seus furos, a alteridade da linguagem.

Os discursos são lugares de fala e o discurso da psicanálise é anticapitalista pois considera a falta enquanto estrutural – o que é antagônico a qualquer promessa de tamponá-la com objetos de consumo. Ao abrir-se ao que não é fixo e fechado, o discurso da psicanálise se propõe a ouvir e não a dar respostas prontas.

---

[19]LACAN, J. (1971) *O seminário, livro 18: De um discurso que não fosse semblante.* Rio de Janeiro: Zahar, 2009, p.36, aula de 20 de janeiro de 1971.

[20] LACAN, J. (1959-1960) *O seminário, livro 7: A ética da psicanálise.* Rio de Janeiro: Jorge Zahar Ed., 1988.

É nessa abertura que o feminino na psicanálise, na sua alteridade, pode aproximar-se e fazer intersecção com os discursos da pólis e, mais precisamente, a ouvir o que têm a dizer as feministas negras, apesar de ser um lugar de tantos desencontros e tensionamentos, pois, como afirmei mais acima, apesar de a psicanálise ser subversiva, nem sempre os/as analistas o são.

Lacan compara, no seminário proferido em 1959 e 1960, o ato de Antígona, personagem da tragédia de Sófocles, com o ato do analista na medida que, em ambos, se trata do desejo decidido que não recua diante da ameaça de um poder que se posiciona como soberano. A personagem de Antígona luta pelo direito de sepultar e conservar a memória de seu irmão. De forma radical, é posto em cena o desejo decidido como aquele que tem seu dizer sustentado até o final, mesmo que o preço fosse a própria vida. Antígona não recuou de enterrar seu irmão e colocar seu nome na lápide, de dar-lhe um registro, não anulando sua história. Abrir mão disso seria a morte da morte. Uma segunda morte, sem registro de um passado. Antígona não cedeu de seu dizer, não aceitou mediações ou acordos, seu desejo foi firme e decidido, pagou com o corpo e com a vida por sua decisão.

Assim, Lacan aproxima o ato de Antígona ao ato do(a) analista que se posiciona sem recuar, tanto na clínica quanto na pólis. Ato esse que é em discordância com qualquer dito autoritário e paixão pela ignorância; contrário ao discurso do mestre, do Um. Tendo essa premissa, um analista não pode recuar diante de discursos opressores, preconceituosos, racistas, misóginos, sexistas, fascistas que geram a desumanização, tornando alguns corpos abjetos, restos, mas deve se colocar aberto ao diálogo e às trocas com o outro. Lacan, no seminário *Mais, ainda*, dá outro passo ao usar o termo *desejo advertido* – "desse não-todo, desse não-tudo, dá um testemunho estrondoso[21]"- que está justamente do lado feminino, pois é da "elaboração do não-todo que se trata de romper o caminho[22]", portanto, elas estão mais próximas do real.

Antígona era movida pelo amor e não pelo ódio. Lutou contra a paixão da ignorância. Quantas vezes não testemunhamos, em histórias da realidade, no dia a dia, antígonas que pagaram com a própria vida, passaram por torturas, estupros, mutilações e toda uma vida de luta contra essa desumanização e apagamento da sua história, movidas pelo desejo de justiça?

Esse é um momento em que se deve ouvir os dizeres dos que são colocados na margem. Há que tirar o véu da negação, ouvir as denúncias e as dores, romper com o silêncio de quem viveu na pele o racismo e o sexismo sob o jugo do poder patriarcal colonizador.

A partir disso, é necessário discutir os possíveis avanços e não nos omitirmos diante dos discursos de dominação. Precisamos aliar os dizeres da descolonização do feminismo negro e da descolonização do inconsciente, pois só assim a psicanálise estará amparada pela realidade que se apresenta na atualidade. Os precursores da psicanálise, baseados nos discursos datados por suas épocas, deixaram espaço para

---

[21] LACAN, J. (1972-1973) *O seminário, livro 20: mais, ainda*. Rio de Janeiro: Zahar, 1985, p.79, aula do dia 13 de fevereiro de 1973.

[22] *Ibid.*, p.78.

PSICANÁLISE E FEMINISMO NEGRO

o questionamento e para uma psicanálise em construção, não-toda pronta.

De Freud a Lacan, a psicanálise está em uma posição subversiva de deslocar e desterritorializar lugares, olhar os sujeitos em seus avessos, fora da lógica formal, na qual não se enquadra e, sobre isso, o feminino tem muito a dizer. Lélia Gonzales cita Miller em "Teoria da Alíngua":

> O que começou com a descoberta de Freud foi uma outra abordagem da linguagem, uma outra abordagem da língua, cujo sentido só veio à luz com sua retomada por Lacan. Dizer mais do que sabe, não saber o que diz, dizer outra coisa que não o que se diz, falar para não dizer nada, não são mais, no campo freudiano, os efeitos da língua que justificam a criação das línguas formais. Estas são propriedades inelimináveis e positivas do ato de falar. Psicanálise e Lógica, uma se funda sobre o que a outra elimina. A análise encontra seus bens nas latas de lixo da lógica. Ou ainda: a análise desencadeia o que a lógica domestica.[23]

Lélia utiliza a psicanálise para explicar esses dizeres e ditos como linguagens estruturadas em uma lógica neurótica. A psicanálise escuta o sujeito que está em sofrimento, escuta seus avessos, propõe-se a ouvir algo que falha no discurso com o intuito de deslocar e desterritorializar

---

[23] GONZALES, L. Racismo e sexismo na cultura brasileira. Revista Ciências Sociais Hoje, ANPOCS, 1984, p. 223-244. Disponível em: Biblioteca Digital e Sonora: Racismo e sexismo na cultura brasileira, acessado em 26 de fevereiro de 2025, p. 225.

lugares; ouvir o que escapa e não se enquadra na lógica formal. Sobre isso o feminino tem muito a desconstruir, pois enquanto posição subjetiva, o feminino também está fora da norma, tem um resto que não é colonizado pela palavra do Outro e falha.

A psicanálise lacaniana trabalha com a palavra e seus furos se apoiando no conceito do feminino como ferramenta analítica para a compressão do psiquismo. Faz, portanto, uma aposta em um discurso em que a alteridade é suplemento para pensarmos a não-toda como produtora de multiplicidade e não de desigualdades.

Gallano, na apresentação do seu livro *A alteridade feminina*, escreve: "Lacan é bem alheio a um pensamento único [...] e o saber psicanalítico deixa, mais que nenhum outro a porta aberta à *heteridade*.[24]". Mais adiante, ela afirma: "a condição do sujeito, o que realmente lhe dá sua existência, está ligado ao real"[25]. É a alteridade feminina a que mais se aproxima do laço com o real. Lélia Gonzales, mulher negra e psicanalista, no seu livro *Por um feminismo negro afro-latino-americano*, defende que o inconsciente é uma produção do sujeito frente a um campo social que se reflete em consequências psíquicas e sociais[26].

Assim, o feminino na psicanálise lacaniana e o feminismo negro podem contribuir apostando nos atravessamentos teóricos e práticos para tensionar os discursos segregatórios

---

[24] GALLANO, CARMEN. *A alteridade feminina*. Campo Grande: Andréa Carla Brunetto, 2011, p.7.

[25] *Ibid.*, p.65.

[26] GONZALES, L. *Por um feminismo afro-latino-americano*. Organização: Flavia Rios, Márcia Lima. Rio de Janeiro: Zahar, 2020.

de ódio e promover trocas, cruzamentos que atravessem subjetividades heterogêneas e promovam multiplicidades de diferenças.

O discurso da analista é o avesso do discurso do Um, do discurso do capitalista com seu dito fechado, que quer unificar, universalizar verdades e saberes. O lugar de fala do analista é de objeto *a*, como um objeto de uma falta, de um desejo, para que o sujeito se escute e possa encontrar seu próprio dizer e não um discurso que decreta verdades. Estar em uma posição feminina é descer do todo para suportar o não-todo, um dizer furado que transgride e rompe com uma experiência do todo falocêntrica universal, inclusive na própria forma de escrever, que faz desaparecer o feminino. É poder elevar o significante a uma outra categoria, afinal é com a linguagem e seus furos que trabalhamos.

A psicanálise trabalha com a linguagem sem excluir o corpo, pois esse é formado pelo discurso no qual está inserido. Dessa forma não podemos deixar de lembrar que os primeiros contatos com a língua nos países colonizados tiveram influência das vozes e dos corpos de mulheres negras, sendo necessário dar visibilidades ao que essas vozes e corpos têm a dizer.

Nesse sentido, é importante discutirmos o papel ancestral da mulher negra nos processos de formação cultural da nossa história. O quanto na figura da mãe preta está representada a neurose brasileira de recalque das suas origens culturais e da linguagem nos seus primeiros sons da alíngua. A mãe preta é apresentada como uma figura de integração do negro à sociedade, quando na realidade se tratava de um processo de escravização e subalternização de corpos de mulheres que foram apagados, inclusive naquilo com que contribuíram para a formação da língua no país.

Desde a escravidão, mulheres negras estiveram presentes nos cuidados dos filhos de mulheres brancas. Essas diferenças trazem privilégios e benefícios para algumas e subalternizações para outras, esses são marcadores sociais das desigualdades. Mulheres essas, na sua maioria negras, que tiveram que deixar suas famílias, os cuidados de seus filhos para cuidar dos filhos de mulheres brancas.

As marcas da nossa africanidade, costuradas nesses primeiros cuidados, foram posteriormente recalcadas e ocultadas. Sabemos do esquecimento pois a repressão falha e fala. O que se tentou apagar, negar, excluir de nossas origens, irrompe. Lélia Gonzales escreve:

> [...] o não saber que conhece, esse lugar de inscrições que restituem uma história que não foi escrita, o lugar de emergência da verdade, dessa verdade que se estrutura como uma ficção.[27]

Esses lugares de rejeição, fortalecidos por um discurso de subalternização e negação das nossas ancestralidades, foram perpetuados para além do período escravagista. Na segunda metade do século XX, as mulheres de classe média, ao ingressarem no mercado de trabalho, deixaram seus filhos aos cuidados de outras mulheres – em grande parte mulheres negras. Isso marca a língua de um povo.

---

[27] *Ibid*, p. 78.

PSICANÁLISE E FEMINISMO NEGRO

O dizer das mulheres negras que foi negado, recalcado, retorna pelas falhas do discurso. Dizer que precisa ser revisitado para revivermos a história naquilo que nos transpassou na língua e nos primeiros sinais e signos linguageiros do ser falante – o falasser[28] – e que teve forte influência das mulheres negras no mundo ocidental colonial.

É primordial recuperar as histórias, sons e linguagens recalcadas para entendermos como se deram os processos de colonização patriarcal e racismo que tornaram essas outras dejetos. É necessário desnaturalizar o que foi naturalizado pelo discurso dominante:

> *O que herdei da minha gente*
> *nunca posso esquecer*
>
> Caetano Veloso[29]

A marca do patriarcado e as distorções sociais e raciais atingem uma camada específica de mulheres. Mas o patriarcalismo vai além: abarca e destrói o que há de mais feminino em cada sujeito, pois o feminino se trata de uma posição e não apenas de um traço físico ou biológico.

O que não é acessado pelos caminhos domesticados pela consciência encontra vias possíveis onde o discurso manca, falha; pelas rotas da memória afetiva, do sentir, ainda que fora de sentido. Assim, são as vozes do feminino na

---

[28] Neologismo criado por Lacan para dizer que somos seres falantes organizados pela linguagem que é a política e alíngua, o real da língua, como os primeiros sons que tocaram o corpo desse fala-ser – ser que fala.

[29] VELOSO, C. Não Enche. *Livro*, Philips Records, 1997.

psicanálise que se manifestam como gozo Outro, esse gozo feminino que é suplementar e não complementar, não-todo fálico. A música *Sonho Impossível*, cantada por Bethânia, diz desse gozo Outro:

Sofrer a tortura implacável
Romper a incabível prisão
Voar num limite improvável
Tocar o inacessível chão

É minha lei, é minha questão
Virar esse mundo, cravar esse chão
Não me importa saber
Se é terrível demais
Quantas guerras terei que vencer
Por um pouco de paz
E amanhã se esse chão que eu beijei
For meu leito e perdão

Vou saber que valeu
Delirar e morrer de paixão
E assim, seja lá como for
Vai ter fim a infinita aflição
E o mundo vai ver uma flor
Brotar do impossível chão[30]

---

[30]*Sonho impossível* – Essa versão, interpretada por Maria Bethânia, foi composta por Chico Buarque e Ruy Guerra, em 1972, a partir da canção *The impossible dream*, de Joe Darion e Mitch Leig. Foi lançada em 1975 no álbum *Chico Buarque e Maria Bethânia ao vivo*.

Freud descreve, em seus "Estudos sobre a histeria"[31], como inaugurou o tratamento de cura pela palavra, subvertendo o discurso médico-científico que submete o paciente a um saber que vem do Outro, um mestre. As mulheres com quem trabalhou – chamadas loucas – passaram a ser escutadas, tirando a histeria do campo da insanidade e dando um passo à frente da moralidade de sua época. Mas, com toda a sua escuta, ainda restou a Freud a pergunta: O que quer uma mulher? Disso ele nada sabia, isso o fez desconfiar de todo o processo. Ele esbarrou no rochedo da castração e deixou uma abertura para que a psicanálise continue a questionar e ouvir, sem compreender rápido demais. É essa posição que mantém permanentemente a interrogação da psicanálise sobre os acontecimentos históricos de cada época.

Assim, para atualizar o conceito, temos que relacioná-lo ao momento em que vivemos. Pois, desde Freud, não é a teoria que predomina sobre a prática psicanalítica. É preciso saber a teoria para nortear o tratamento. É a escuta que produz deslizamentos, espaços de movimentos e novos territórios de questionamentos já que é com a linguagem que a psicanálise trabalha; com uma linguagem viva que permeia os acontecimentos da política do inconsciente, atualizados nos acontecimentos de seu tempo.

Por meio da escuta dessas mulheres, Freud sustentou um outro lugar para o que não se adapta e a partir desse dizer criou uma teoria sobre o inconsciente. A construção

---

[31] FREUD, S. (1893-1895) *Obras completas, volume 2: estudos sobre a histeria (1893-1895) em coautoria com Josef Breuer*. São Paulo: Companhia das Letras, 2016.

do inconsciente acontece na relação com o outro, portanto, esses corpos são pensados dentro de uma cultura. A fala das mulheres escutadas por Freud apresentava algo que se relacionava com a vida na Europa vitoriana, em um contexto cultural, social, político, econômico específico. A histeria é fundamental para a hipótese do inconsciente a partir de uma relação com o outro da cultura e para a compreensão do sujeito enquanto dividido, do sofrimento que aparece como sintoma e marca essa divisão.

Pensar a psicanálise no mundo patriarcal, racista, colonialista e capitalista demanda refletir sobre a interligação dessas questões com o universo psíquico do sujeito do inconsciente, que toma forma na relação com o outro da cultura e como isso toca cada mulher e seus corpos que estão nesse mundo. A psicanálise pode entrar nas brechas, nos efeitos que são produzidos a partir desses encontros.

O feminino surge, então, como potência transgressiva, de ruptura, tropeço no que é considerado homogêneo. Faz emergir nossas raízes linguísticas, o *pretuguês*, a alíngua adquirida nos primeiros contatos com a língua africana por intermédio das mães pretas. Trata-se de pensar a mulher que cria, mas é apagada sem nenhum direito como condição da branquitude. Nesse contexto, entende-se que não houve uma integração social, muito menos uma democracia racial.

A partir de sua leitura da obra de Freud, Lacan avançou ao falar de um outro gozo fora da norma fálica. Ele se ateve a esse gozo Outro do feminino como uma posição e não como um dado biológico. Se diz gozo Outro é porque esse está relacionado ao gozo no real do corpo, onde uma parte da linguagem não alcança, gozo sem palavra ou sentido, que

PSICANÁLISE E FEMINISMO NEGRO

transborda ao que pode ser dito – por isso é suplementar, aberto, não-todo na norma da língua.

A linguagem faz borda, margem, mas não diz tudo, por isso Lacan coloca aquele que está do lado feminino como sendo o não-todo que passa pela linguagem. Passa pela linguagem, mas não totalmente, tem algo do real que escapa. Foi o avanço que Lacan pôde dar sobre o feminino, foi além da questão binária homem/mulher, além do binarismo da linguagem ao considerar o atravessamento da linguagem nesses corpos.

O muro com o qual Freud se deparou, apesar de questionar e problematizar sobre a mulher, foi ultrapassado por Lacan ao localizar o feminino e seu gozo Outro como um gozo para além do falo e, assim, ele avançou sobre a teoria falocêntrica. Lacan considera o gozo Outro enquanto suplementar; que está na lei, mas não-todo na lei; que passa pelo gozo fálico, mas que escapa e aí é onde está o feminino; que caminha para além do falo.

Nos anos 70, o psicanalista francês formulou suas elaborações sobre o todo fálico e o não-todo fálico, situando o não-todo fálico em uma posição de alteridade. O feminino está não-todo na norma fálica patriarcal, no que algo escapa e não se adapta ao discurso de dominação. Essa "resistência" à dominação, essa transgressão ao todo fálico foi, para mim, o empuxo ao encontro de feministas negras que, como corpos e como movimentos políticos, estão na margem das normas estabelecidas pelo poder colonial/europeu do homem branco cisgênero. Comecei a entrever o encontro do feminino com o feminismo nesse ponto.

O discurso fundamentado no capitalismo e no colonialismo com suas estratégias patriarcais, racistas e heteronormativas procurou invisibilizar a escuta das mulheres, especialmente das mulheres negras que estão na base da pirâmide de violência física, econômica, psicológica e social com questões que estão diretamente implicadas pelo racismo e misoginia. Em um primeiro momento, ao aproximarmos o discurso do feminino na psicanálise ao do feminismo negro os dois podem parecer ser antagônicos pois têm trajetórias diferentes, constituem-se por corpos e geografias distintas; bem como suas atuações práticas, políticas e epistemológicas têm caminhos próprios. Porém, algo em nosso tempo presente torna possível algumas aproximações. Cada um, a partir de seu litoral, pode coordenar movimentos de resistência ao modelo de poder vigente do neocapitalismo e criar saídas ao padrão que segue a premissa fálica, ao discurso do Um, que, enquanto agente simbólico que produz um discurso fechado proclamando um todo, é avesso ao que é hétero[32]. Hétero aqui tomado em referência ao que é múltiplo, plural, diverso, alteridade, marca do que está omitido no discurso normativo e por isso é rechaçado, ocultado, desmentido ou recalcado.

Recorro, nessas páginas, aos acontecimentos atuais que produzem novas necessidades, pois nossos corpos estão inseridos em um mundo real, simbólico e imaginário, enodando-se com essas "línguas" que se aproximam e se afastam em uma existência inventada e vivenciada. Nessas trocas aproximo-me das possibilidades da psicanálise nos cruzos com as

---

[32] MORIN, I. *apud* GALLANO, C. 2011. Morin, I. "Une castracion singulière pas sans privation". *Lettre Mensuelle. Bulletin interne* à l'École de la Cause Freudienne. Paris, n.5/1997.

vozes do feminismo negro em contexto segregatório, racista, patriarcal amparado por um discurso de ódio.

Discurso que se tornou publicamente disseminado desde 2018, com o apoio explícito, no Brasil, de um governo que implementou a necropolítica[33] com práticas de extermínio de corpos como, por exemplo, a violência policial contra a população negra, especialmente jovens negras e negros. Extermínio visível também na falta de políticas públicas que amparem essa população e os povos originários/tradicionais e na implementação de uma política de morte para esses grupos.

Como Ana Laura Prates afirma:

> [..] a grande contribuição que a psicanálise traz, e revela, e mostra a partir de sua prática clínica é que é possível um sujeito se posicionar na sua própria vida, e na relação com o Outro – no "laço social" – mais além desse fechamento do todo.[34]

O discurso analítico faz uma aposta na vida. Aposta na saída de um mal dizer para o encontro com um bem dizer, mais além do fechamento do todo. E, no final, aposta que é possível se deparar com um entusiasmo pelo que é vivo, pujante em cada ser que se depara com sua fragilidade e contingências. Aí, o que cessa de não se inscrever, se inscreve. O sujeito passa a poder lidar com as mazelas, limites

---

[33] MBEMBE, A. *Política da inimizade*. São Paulo: n-1 Edições, 2020.

[34] PRATES, A. L. "Heteridade e os discursos" In: GUSSO, H.C. et al. (orgs.) *Misoginia e psicanálise*. São Paulo: Lavratus Prodeo, 2022, p.138.

e possibilidades, não sem dor, mas com entusiasmo. Quem sabe de antemão? Há sempre que apostar.

Foi esse dito do todo, sem abertura para o diferente, fechado à possibilidade de mediações da palavra que produziu o discurso de ódio e, consequentemente, uma política de morte. Lacan diz: "A mulher não existe". Por isso elas se reinventam, são heteros, singulares, uma a uma "ex-sistem". Com seu gozo Outro – parte fora da linguagem – são capazes de criar, delirar e inventar saídas: cantam, escrevem, amam, odeiam, pintam e bordam. Representam cada uma um papel no teatro da vida sobre o que é ser uma mulher e, assim, produzem laços abertos à diferença. É essa posição feminina mais aberta à alteridade que pode constituir possibilidades para abrir caminhos que apostem na vida e não no todo violento, absoluto, mortífero.

Na literatura, na arte e na vida vemos vários exemplos da não-toda. A personagem de Antígona luta pelo direito de sepultar e conservar a memória de seu irmão. No filme *As Horas*[35], a personagem de Virgínia Wolf diz: "Não se pode achar a paz evitando a vida". Virgínia usa a escrita para suportar o insuportável, redige várias obras, entre elas *Um teto todo seu*[36]. Carmen Silva[37] luta pelo

---

[35] "As horas" é um filme de 2002, dirigido por Stephen Daldry, com roteiro de David Hare baseado no livro homônimo de Michael Cunningham, de 1998.

[36] WOOLF, Virginia. (1929) *Um teto todo seu*. Rio de Janeiro: Editora Antofágica, 2024.

[37] Carmen Silva é co-fundadora da Ocupação 9 de Julho, um dos maiores quilombos urbanos da cidade de São Paulo, e da Cozinha da Ocupação 9 de Julho, um projeto que promove gastronomia e acesso a alimentos orgânicos e de agricultura familiar. Disponível em: Carmen Silva (ativista) – Wikipédia, a enciclopédia livre, acessado em 25 de fevereiro de 2025.

direito à moradia mediante a ocupação urbana de imóveis. Seja na ficção ou na vida, elas se reinventam, cada uma a seu jeito. Pagam o preço dos seus desejos, cada uma constrói com suas possibilidades o teto que é possível. Como canta Lula Queiroga: "cada ser tem sonhos a sua maneira[38]".

Uma analisanda fala da necessidade de espaço para colocar em movimento seus desejos; um passo importante, pois estava sempre a atender a demanda do outro. Ao mostrar uma pintura, pergunto: "Você pinta?" Ela diz: "Pinto e bordo." E ri. Outra, devastada pelo fim de um romance, declara só conseguir sair do vazio pela música, pois isso a faz sentir-se viva e que, com o seu canto, encontra um canto. Uma terceira, declara ser "dividida como um hashi" e, a partir dessa divisão, conseguir se movimentar. São não-todas pois, apesar de estarem na norma, algo escapa do gozo fálico. Abre-se o campo que Lacan chama de gozo Outro, um gozo fora da norma binária.

Estar do lado feminino é uma questão subjetiva, não se refere somente ao corpo biológico e nem à escolha de objeto. Um paciente questiona onde está seu desejo: "Quando conheço uma menina, preciso falhar para confiar". Com a falha do falo, o desejo surge não-todo falo. Surge em uma posição mais feminina.

Lacan afirma: "No psiquismo não há nada pelo que o sujeito se pudesse situar como ser de macho ou ser de fêmea. [...] o ser humano tem sempre que aprender, peça

---

[38] QUEIROGA, L. Noite Severina. Álbum *Vagabundo*, Globo/Universal, 2004.

por peça, do Outro[39]". Portanto, a sexualidade, desde que nos tornamos seres falantes, está desconectada do instinto, desde a entrada linguagem ser homem ou ser mulher é algo construído. Lacan acrescenta: "Não se é forçado, quando se é macho, de se colocar do lado do todo fálico. Pode-se também colocar-se do lado do não-todo. Há homens que lá estão tanto quanto as mulheres [...] eles experimentam a ideia de que deve haver um gozo que esteja mais além.[40]" Do lado feminino está esse gozo Outro, o impossível de ser dito e, para suportar essa loucura indescritível, se inventa e se reinventa. Na psicanálise, afirma-se que do lado masculino se tem um penduricalho e quem está nessa posição masculina deve se haver com isso, fazer algo com o que se tem. O feminino por não ter o penduricalho, vai à procura do ser e questiona-se: O que é ser uma mulher? Por não ter um significante que a represente, cria e inventa, uma a uma, como ser uma mulher.

No seminário proferido entre 1973 e 1974, Lacan fala que "A mulher não existe. Mas uma mulher, isso se pode produzir, quando há nó, ou melhor, trança.[41]". Ela segue sendo uma mulher entre outras, pois é definida pelos trançados dos quais é capaz. É por essa trança que uma mulher

---

[39] LACAN, J. (1964) *O seminário, livro 11: os quatro conceitos fundamentais da psicanálise*. Rio de Janeiro: Jorge Zahar editora, 1985, p. 194, aula de 27 de maio de 1964.

[40] LACAN, J. (1972-1973) *O seminário, livro 20: mais, ainda*. Rio de Janeiro: Jorge Zahar editora, 1985, p. 102, aula de 20 de fevereiro de 1973.

[41] LACAN, J. (1973-1974) *Os não-tolos erram/ Os nomes do pai: seminário entre 1973-1974*. Porto Alegre: Editoraa Fi, 2018, p.114, aula de 15 de janeiro de 1974.

pinta e borda com o gozo Outro, aberto, não-todo fálico, meio louco, não-todo; gozo Outro que faz arte. Tem algo mais subversivo, mais feminino e feminista do que isso?

Quem está em uma posição feminina, não está toda na lei fálica, há algo que transcende, pois é não-toda e assim se aproxima mais do real. As mulheres estão mais abertas a esse gozo Outro, seja como semblante de objeto *a* – objeto da falta, do desejo – ou como outras delas mesmas, pois transitam com mais facilidade nessas posições subjetivas.

Quem não tem forja, inventa, representa, cria poesias, ficções, tragédias e comédias. Esses movimentos são instrumentos imprescindíveis para suportar o impossível do real, do furo da não relação – do desencontro da linguagem – isso é estar em uma posição mais feminina, aquela que comporta um gozo suplementar. A escrita, com suas ranhuras e sulcos, provoca uma inscrição, circunscreve, circunda algo desse real impossível de ser dito, pois como afirma Lacan em RSI: "Não há tecido que não seja tecelagem.[42]"

Quando não puder mais falar, ao se sentir amordaçada, algo pode ser inventado, a construção de uma saída, o novo laço, o amor laçado pode intermediar um auxílio, a possibilidade de suporte, atravessado por um gozo feminino, o gozo Outro. Nessas horas em que não há a fala e a linguagem não dá conta de dizer o indizível, o que resta é a inscrição. Aí que algo tocou o real do corpo e este corpo "bio-grafado" busca um registro de uma marca para além do falo.

---

[42] LACAN, J. (1974-1975) *Seminário RSI*, aula de 21 de janeiro de 1975, inédito.

Nesse sentido, o feminino e seu gozo Outro transcendem as normas e se entrecruzam com o feminismo negro que luta para descolonizar o que está imposto como normas de controle, de domínio de corpos relacionadas ao patriarcado, racismo, colonialismo, ao capital com seu gozo de consumo ilimitado que ordena: Goze! Goze do trabalho do outro, do seu corpo, do seu tempo, extraia tudo que puder, desfrute e depois descarte, o outro colocado como outridade, puro objeto, abjeto, resto.

Entre esses cruzos existem vários pontos de tensão, de suspensão, de desencontros. Porém, também há abertura ao encontro, ao que é múltiplo, ao plural, ao diverso, ao diferente que não causa desigualdades e sim alteridades, sem complementos, mas sim suplementos.

O cruzamento de dizeres entre a psicanálise e o feminismo negro não se constitui como tecido homogêneo, mas como costura com separações claras, com espaço para o laço e para o questionamento. E o que pode a psicanálise nesse encontro? Muito pouco. Mas pode ouvir!!!

> *O erro é partir da ideia de que existem a linha e a agulha, a moça e o rapaz, e entre um e outro uma harmonia preestabelecida.*
>
> LACAN[43]

---

[43] LACAN, J. (1956-1957) *O Seminário, livro 4: a relação de objeto*. Rio de Janeiro: Jorge Zahar Editor, 1995, p. 48, aula de 5 de dezembro de 1956.

OUTROS PIGMENTOS

*Eu tenho **Zumbi**, Besouro*
O chefe dos Tupis
Sou Tupinambá
Eu tenho os erês, caboclo, boiadeiro
Mãos de cura, morubixabas, cocares, zarabatanas
Curares, flechas e altares
A velocidade da luz, o escuro da mata escura
O breu, o silêncio, a espera

Eu tenho Jesus, Maria e José
E todos os pajés em minha companhia
O menino Deus brinca e dorme nos meus sonhos
O poeta me contou

Não mexe comigo
Que eu não ando só
Eu não ando só
Eu não ando só
Não mexe, não

Não misturo, não me dobro
A Rainha do Mar anda de mãos dadas **comigo**
E me ensina o baile das ondas
E canta, canta, canta, canta pra mim
É do ouro de Oxum que é feita a armadura que
    cobre o meu corpo
Garante meu sangue e minha garganta
O veneno do mal não acha passagem
Em meu coração, Maria acende a sua luz
E me aponta o caminho

Me sumo no vento
Cavalgo no raio de Iansã
Giro o mundo, viro, reviro
Tô no Recôncavo, tô em Fez
Voo entre as estrelas, brinco de ser uma
Traço o Cruzeiro do Sul
Com a tocha da fogueira de João Menino
Rezo com as Três Marias
Vou além
Me recolho no esplendor das nebulosas
Descanso nos vales, montanhas
Durmo na forja de Ogum
Mergulho no calor da lava dos vulcões
Corpo vivo de Xangô

Não ando no breu, nem ando na treva
Não ando no breu, nem ando na treva
É por onde eu vou que o santo me leva
É por onde eu vou que o santo me leva

PSICANÁLISE E FEMINISMO NEGRO

Eu não ando no breu, nem ando na treva
Não ando no breu, nem ando na treva
É por onde eu vou que o santo me leva
É por onde eu vou que o santo me leva

Medo não me alcança
No deserto me acho
Faço cobra morder o rabo
Escorpião virar pirilampo
Meus pés recebem bálsamos
Unguentos suaves das mãos de Maria
Irmã de Marta e Lázaro
No oásis de Bethânia
Pensou que eu ando só?
Atente ao tempo
Não começa, não termina, é nunca, é sempre
É tempo de reparar na balança de nobre cobre que
*   o Rei equilibra*
Fulmina o injusto
E deixa nua a justiça

Eu não provo do teu fel
Não piso no teu chão
E pra onde você for, não leva o meu nome, não
E pra onde você for, não leva o meu nome, não
Eu não provo do teu fel
Eu não piso no teu chão
E pra onde você for, não leva o meu nome, não
E pra onde você for, não leva meu nome, não

Onde vai, valente?
Você secou
Seus olhos insones secaram
Não veem brotar a relva
Que cresce livre e verde, longe da tua cegueira
Teus ouvidos se fecharam a todo som, qualquer
música
Nem o bem, nem o mal pensam em ti
Ninguém te escolhe
Você pisa na terra, mas não a sente, apenas pisa
Apenas vaga sobre o planeta
E já nem ouve as teclas do teu piano
Você tá tão mirrado que nem o diabo te
ambiciona
Não tem alma
Você é o oco, do oco, do oco, do sem fim do mundo

O que é teu já tá guardado
Não sou eu que vou lhe dar
Não sou eu que vou lhe dar
Não sou eu que vou lhe dar
O que é teu já tá guardado
Não sou eu que vou lhe dar
Não sou eu que vou lhe dar
Não sou eu

Eu posso engolir você
Só pra cuspir depois
Minha fome é matéria que você não alcança
Desde o leite do peito de minha mãe

PSICANÁLISE E FEMINISMO NEGRO

Até o sem fim dos versos, versos, versos
Que brotam do poeta em toda poesia sob a luz
   da Lua
Que deita na palma da inspiração de Caymmi
Quando choro, se choro, e minha lágrima cai
É pra regar o capim que alimenta a vida
Chorando eu refaço as nascentes que você secou
Se desejo
O meu desejo faz subir marés de sal e sortilégio
Eu ando de cara pro vento, na chuva, e quero
   me molhar
O terço de Fátima e o cordão de Gandhi cruzam
   meu peito

Sou como a haste fina
Qualquer brisa verga
Nenhuma espada corta

Não mexe comigo
Eu não ando só
Eu não ando só
Eu não ando só

Não mexe, não

M ARIA B ETHÂNIA[1]

---

[1] BETHÂNIA, M.; PINHEIRO, P.C. "Carta de amor" Álbum: *Maria Bethânia, Carta de amor*. Rio de Janeiro: Biscoito Fino, 2013, grifos da autora.

Começo esse capítulo com *Carta de amor*, música de invocações, coragem, súplicas e proteção. Invocações que representam as dores e a força de um povo. Canção que encanta e canta fazendo giros e giras que cruzam.

No show de lançamento dessa música, Bethânia retomou Fernando Pessoa:

> *Todas as cartas de amor são*
> *Ridículas*
> *[...]*
> *Mas, afinal,*
> *Só as criaturas que nunca escreveram*
> *Cartas de amor*
> *É que são*
> *Ridículas*[2]

Nas cartas de amor pode-se furar no real pela palavra, justo aí onde o real cessa de não se escrever e atravessa a linguagem tocando uma posição feminina com seus furos e remendos.

Carta de amor celebra a vida, fala de encantamentos. Invoca ações por meio de feitiços, terreiros e cruzos, invoca o que o colonizador tentou apagar da cultura negra, suas lutas, crenças, oralidades e tradições. Uma de suas estrofes remete às lutas coletivas, às forças e aos enfrentamentos por

---

[2] PESSOA, F. *Poesias de Álvaro de Campos*. Lisboa: Ática, 1944.

meio das crenças e religiões africanas: "Não mexe comigo, que eu não ando só".

O povo negro teve suas vozes caladas, sem uma identidade ligada às suas origens em vida e sem uma inscrição em morte, um registro do assassinato em massa de todo um povo, de sua cultura, lendas, músicas, misticismo. Povo que se tornou descartável, inumerável. É preciso produzir outros sentidos da história até então ditada por quem colonizou para buscar restituir o que foi usurpado das ancestralidades históricas dos colonizados e para obter reparação dos colonizadores. Dar um outro sentido aos acontecimentos, pois quem contou a história foi o dominador patriarcal, racista. Contou do jeito dele, dando o significado que lhe convinha. Hoje está sendo possível revisitar essa história e criar espaço para quem foi colonizado contar a sua versão.

As religiões africanas também foram colonizadas e arrancadas de suas raízes. A macumba foi, e continua sendo, um movimento de resistência de um povo que cruza passado e presente, poesia, rodas de danças e incorporações dos encantados, histórias, crenças, danças que foram e são marginalizadas. Lugar de pertencimento e de acolhimento de alteridades, cada terreiro tem formas próprias de lidar com o espaço, não há apagamentos e sim cruzamentos. Há uma troca entre gerações, por meio da ginga se giram saberes que foram por longo tempo subalternizados. Nesse sentido, as religiões africanas operam como reapropriação da história cultural e religiosa de um povo.

Com *Carta de amor* vou me apropriando de alguns dos cruzos da macumba, com suas giras sem apagamento das diferenças. Nesses cruzamentos, fui atravessada por percursos diferentes para pensar sobre os limites e possibilidades de dizeres que transitam por caminhos que não são opostos ou complementares, mas que permitem trocas sem que um se perca no outro.

Simas[3] traz, ao falar da macumba, os conceitos de cruzos e cruzamentos como encantamento do mundo. Entende esses processos como conjunto de práticas políticas e poéticas, produtora de outras formas de viver – como o poeta que encanta pela palavra e cria um mundo de encantos e magias.

O cruzo é uma experiência de troca sem que formas de vida e suas histórias sejam subsumidas, anuladas ou colonizadas; não há apagamentos, há cruzamentos, pontos de encontro em pluralidades, encontros imprevisíveis, abertos às diferenças. Como em uma roda, em que circulam energias, os dizeres, os não ditos e suas alteridades podem girar como potencialidade de vida para se fazer arte e criar o inesperado com possibilidades de laços.

Luiz Rufino e Rafael Haddock-Lobo escrevem no dossiê "Filosofia e macumba"[4] que o terreiro é um espaço de produção de vidas, celebradas pelos encontros, de pontos de cruzos que produzem alteridades e a multiplicação de subjetividades, resultando em novas formas de se inscrever no mundo em criação e não de apagamento.

---

[3] SIMAS, L. A. (2018) *Epistemologia da macumba*. Aula no Programa de Pós-Graduação em Ciência da Informação (PPGCI/IBICT-UFRJ). Disponível em: Epistemologia da Macumba com Luiz Antonio Simas, acessado em 26 de fevereiro de 2025.

[4] RUFINO, L; HADDOCK-LOBO, R. Dossiê Filosofia e macumba. *Revista Cult*, no. 254, fevereiro de 2020, edição *online*. Disponível em: Dossiê | Filosofia e macumba, acessado em 26 de fevereiro de 2025.

É um encontro com a ancestralidade, o resgate do coletivo, a demonstração potente da vida e da resistência. São trocas, e não apagamentos, de uma cultura com suas formas plurais de viver por meio dos feitiços, pelos encantamentos, unindo culturas, gerações. É uma produção de existências sem subsumir outras vidas. O encantamento é um ato de vida no qual se inclui a morte, pois "o contrário da vida não é a morte, mas o desencanto[5]". A morte, seja simbólica ou imaginária, está sempre presente na fala, na linguagem. Apostar na vida é também saber lidar com a morte, pois esta faz parte da vida. O desencantamento é o contrário da vida. Como corolário, entendo que o contrário da vida é a total falta de encantamento. Como diz o ditado popular: "quem canta, seus males espanta", nesse cantar o sujeito se encanta. O terreiro provoca a vida, intermediada pelos enfeitiçamentos (enfeitiça a mente). Estar enfeitiçado pela vida é estar aberto ao encontro, a reunião de si e do outro como diferente, pois em um encontro há dois ou melhor, mais de um, vários e não um.

A macumba é movimento vivo, poético e político, pois inscreve uma epistemologia popular, múltipla, diversa e diferente, com pontos de cruzamentos; não há homogeneização, mas sim pluralismos. Os saberes das religiosidades africanas e ameríndias provocam um giro no pensamento pragmático, utilitarista, antropocêntrico e colonialista. São religiões que ligam e entrecruzam saberes sem subsumi-los, são saberes cósmicos, ancestrais,

---

[5] *Ibid.*

incluem a força da natureza, sem se fechar às diversidades e a outras maneiras de ser no mundo. Um cruzo, como descreve Simas[6], cruza ideias que transitam por lugares distintos, mas que tem pontos que se tocam, sem um submeter o outro.

Lélia Gonzales aponta o caráter de luta do candomblé:

> Vale apontar outro tipo de resistência, surgida ainda naquela época (final do século XVIII, início do século XIX) e que perdura até os dias de hoje. Referimo-nos ao candomblé, religião afro-brasileira de origem iorubana, e praticamente berço das demais religiões negras do Brasil como um outro tipo de resistência, surgida no (final do século XVIII, início do século XIX) e que perdura até os dias de hoje.[7]

No livro *Interseccionalidade*, Carla Akotirene escreve sobre as dores de um povo arrancado das suas terras, de suas histórias ancestrais e escravizado:

> No mar Atlântico temos o saber duma memória salgada de escravismo, energias ancestrais protestam lágrimas sob o oceano. Segundo profecia iorubá, a diáspora negra deve buscar caminhos discursivos com atenção aos acordos

---

[6] SIMAS, L. A. (2018) *Epistemologia da macumba*. Aula no Programa de Pós-Graduação em Ciência da Informação (PPGCI/IBICT-UFRJ). Disponível em: Epistemologia da Macumba com Luiz Antonio Simas, acessado em 26 de fevereiro de 2025.

[7] GONZALES, L. *Por um feminismo afro-latino-americano*. Organização: Flavia Rios, Márcia Lima. Rio de Janeiro: Zahar, 2020, p. 63

estabelecidos com antepassados. Aqui, ao consultar quem me é devido, Exu, divindade africana da comunicação, senhor da encruzilhada e, portanto, da interseccionalidade, que responde como a voz sabedora de quanto tempo a língua escravizada esteve amordaçada politicamente, impedida de tocar seu idioma, beber da própria fonte epistêmica cruzada de mente-espírito.[8]

Macumba, mandiga, terreiro são lugares de passagem que se entrecruzam e constroem pontes que desenodoam e evitam o amordaçamento de um sujeito sobre o outro, ou de um terreiro sobre outro, de histórias sobre outras, de conhecimento epistemológicos de um povo sobre outros.

A epistemologia da macumba inclui o masculino e o feminino, o giro e a gira em um movimento cíclico, tendo o terreiro uma ligação importante com o feminino que está presente desde o início da vida até a morte representada pela mãe terra, que receberá todos em um movimento vivo de energias que circulam, incluindo a natureza e a ancestralidade. O feminino está nas tradições africanas e é muito presente nos terreiros, inscrevendo caminhos para as vozes femininas por meio de feitiços, danças, cantos e encantamentos.

Os terreiros são territórios de resistência liderados, muitas vezes, por mulheres negras e pobres, as 'mães de santo' – até hoje alvos de discriminação. Essas mulheres exercem importante papel nas comunidades em que vivem, são

---

[8] AKOTIRENE, C. *Interseccionalidade*. São Paulo: Pólen, 2019, p. 15.

figuras fortes, com grande capacidade de liderança como foram "Mãe menininha" e "Mãe Estela".

Sigo como um passeador, um andarilho que está em constante giros e giras, com novas dimensões, deslocando-me para outras percepções de mundo sem apagamento, sobreposição ou colonização de histórias e sim com encontros, com cruzos nas encruzilhadas, construindo-me na política da presença, do aconchego, de como chegar no outro sem me apoderar dele.

No livro *Torto Arado*[9], de Itamar Vieira Junior, vozes de mulheres relatam histórias sobre questões sociais por meio do feminino, extraindo da aparente fragilidade sua força. Verdade e ficção se misturam ao longo da história e há uma relação do corpo e da terra como um só, assim também do corpo e do tempo – isso diz muito de uma posição feminina. O tempo do feminino não é o da pressa, mas o tempo de construir outra relação com a terra, com as relações de trabalho, com a política, e força de uma luta constante e perene.

> *Cada mulher sabe a força da natureza que abriga na torrente que flui de sua vida.*
>
> VIEIRA JÚNIOR[10]

A obra ficcional de Itamar retrata um Brasil profundo, cujas raízes estão na escravidão e no colonialismo patriarcal e simultaneamente evoca a ancestralidade e o senso de

---

[9] VIEIRA JUNIOR, I. *Torto arado*. São Paulo: Todavia, 2019.
[10] VIEIRA JUNIOR, I. *Torto Arado*. São Paulo: Todavia, 2019, p. 260.

comunidade e de solidariedade. A terra e o chão têm um sentido de vida e, nesse contexto, o mais forte é o mais fraco, a mulher negra.

Para a psicanálise, A mulher não existe, pois se constrói singularmente, uma a uma. Isso não quer dizer que não faça laços sociais, mas significa que algo vai escapar da norma universal. É isso que permite a criação de algo novo. É um processo aberto, que cria espaços para interação com outros dizeres e outra percepção do ser.

Trato aqui de pensar cruzamentos do feminino na psicanálise com o feminismo negro, dentro de uma perspectiva de giras e transgressões de pensamento, com possibilidades de incluir vários dizeres. Assim como uma mulher não é fechada e toda, os furos estão presentes com suas contradições e novas possibilidades de criação.

A psicanálise e os feminismos negros são dizeres que geram tensões, mas que também podem utilizar cruzos e giras para trocas de experiências como potência de vida. Esses encontros e desencontros de dizeres que não se complementam, mas movimentam ideias e se abrem ao diálogo, ao diferente, ao que é contingencial, a um outro dizer, criam intersecções que não fecham caminhos, mas fazem surgir espaços de dizeres diferentes. Esses entrecruzamentos possibilitaram-me construir uma cartografia de escrevivências, uma ficção vivenciada pelas pessoas de forma singular com seu meio social. Esta pode ser uma saída para novas torções em momentos nos quais os discursos de ódio se tornam predominantes.

Pontos cerzidos pela menina gasguita

Sonho meu
Vá buscar quem mora longe
Sonho meu
Vá mostrar esta saudade
Sonho meu
Com a sua liberdade
Sonho meu
No meu céu a estrela guia se perdeu
A madrugada fria só me traz melancolia
Sonho meu
Sinto o canto da noite, na boca do vento
Fazer a dança das flores no meu pensamento
Traz a pureza de um samba
Sentido, marcado de mágoas de amor
Samba que mexe o corpo da gente
O vento vadio embalando a flor
Sonho meu
Sonho meu
Sonho meu
Vá buscar quem mora longe

PSICANÁLISE E FEMINISMO NEGRO

Vá mostrar esta saudade
Sonho meu
Com a sua liberdade
Sonho meu
No meu céu a estrela guia se perdeu
A madrugada fria só me traz melancolia
Sonho meu
Sinto o canto da noite, na boca do vento
Fazer a dança das flores no meu pensamento
Traz a pureza de um samba
Sentido, marcado de mágoas de amor
Samba que mexe o corpo da gente
O vento vadio embalando a flor
Sonho meu
Sonho meu
Sonho meu
Vá buscar quem mora longe

MARIA BETHÂNIA e GAL COSTA[1]

Segundo Lacan, a verdade tem estrutura de ficção, não pode ser toda dita. "É por esse impossível, inclusive, que a verdade tem a ver o real.[2]" A verdade é aqui tomada enquanto algo do inapreensível, que não faz sentido, mas é sentido e se apresenta como uma ficção bio-grafada em um corpo que fala. As escrevivências de Conceição Evaristo[3]

---

[1] LARA, I.; CARVALHO, D." Sonho meu". Álbum: *Álibi*. Polygram; Phillips,1978

[2] LACAN, J. (1973) "Televisão". In: LACAN, J. *Outros Escritos*. Rio de Janeiro: Jorge Zahar Editor, 2003, p. 508.

[3] EVARISTO, C. *Olhos d'água*. Rio de Janeiro: Pallas, 2014.

afirmam que uma história é construída a muitas mãos; fala de muitas mãos e de muitos pés na terra. A escrevivência foi um termo cunhado por Conceição Evaristo, que conta histórias a partir de vivências com outras e outros, em uma relação de trocas. Escrita viva, nascida do encontro de vozes e histórias orais e escritas de memórias esquecidas, vivenciadas ou imaginadas, já que toda ficção tem uma verdade e toda verdade é uma ficção.

> só dez por cento é mentira, os outros noventa por cento é invenção. [...] Há histórias tão verdadeiras que às vezes parece que são inventadas.
>
> Manoel de Barros[4]

Nesse emaranhado de histórias, nesse encontro de muitas escutas orais do meu nordeste e de outros cantos de muitos brasis, de falas soltas trazidas pelos ventos, conversas escutadas pelos cantos, lendas familiares e invenções, no entrecruzamento de terras, mares, rios e margens, surge a menina gasguita. Ela surge da mistura das águas com seus mistérios e entulhos, onde a primeira e a segunda pessoa ou a terceira, a quarta e mais uma, uma a uma se entrecortam e se cruzam; surge dos contos da carochina que relatam a história de um povo, de muitas famílias e dela mesma.

Conto as escrevivências de uma menina branca, retirante, nordestina, sempre estrangeira, formada por dizeres diferentes, com sotaques, paisagens e cores diversas.

---

[4] *Só dez por cento é mentira*, documentário dirigido por Pedro Cezar, 2018, disponível na plataforma de *streaming Netflix*, acessado em 28 de fevereiro de 2025.

Escrevivências, cartas-grafadas começam pelo que me marcou identitariamente como mulher nordestina retirante em um Brasil patriarcal e colonial. Essas interseccionalidades me aproximam de outros corpos, a partir dos quais começo a perceber em determinado momento que, além dessas marcas, também sou branca, vivi no norte, no centro-oeste, não só no nordeste, também me escolarizei nessas várias terras por onde me abriguei. Meus pés tocaram diferentes solos e pensando com os pés, começo essas escrevivências.

A menina como personagem se mistura comigo em meio a lembranças de tantas histórias contadas e que retornam mesclando falas e dizeres. Não é possível afirmar onde uma começa e outra termina, até onde vai personagem e autora "só sei que foi assim[5]".

HISTÓRIAS DA CASA GRANDE

Às vezes era preciso ajuda e havia que ir até a casa do senhor da grande casa. Essa casa era tão grande, compriiiiiiida, com várias outras casas em volta. Uma casa no fundo, ao lado quatro casas menorzinhas, mais duas na parte de cima – os chamados apartamentos. Do outro lado da rua tinha mais casas, maiores, mais independentes, mas todas da mesma família. Essas construções eram habitadas por diversas gerações, os filhos se casavam com as filhas de outra família e passavam a ocupar uma delas e assim continuavam o conto do grande clã.

---

[5] Fala de Chicó, personagem interpretado por Selton Mello no filme "O auto da compadecida", de 2000, dirigido por Guel Arraes, é uma adaptação da peça teatral homônima de Ariano Suassuna, de 1930.

Cruzar a porta principal da grande casa era entrar no domínio do senhor, ali tudo acontecia sob seu olhar. As portas se escancaravam de par em par, dando acesso direto aos diversos quartos, lembrando que a intimidade de um cômodo poderia ser invadida de supetão, sem o alerta dado pelo som dos passos que avisam a presença do outro.

Deslocar-se do outro lado da cidade até lá era demorado, levava horas. Morar longe significava ter conquistado a independência, o senhor e suas posses não eram necessários. Só às vezes. Às vezes havia que buscar alimento lá.

Um dia, ao ir pegar o alimento, a menina gasguita pede à mãe para fazer um bolo de areia. Não sei bem a razão desse nome, mas é um bolo que se faz com manteiga e no nordeste usamos manteiga da terra. Pequena ainda, a menina ajudou no preparo do bolo. A mãe foi ensinando a quebrar os ovos, juntar a farinha, a manteiga. Tudo batido na mão, com a força de seus braços.

Eu estou ao lado do pobre, que é o braço. Braço desnutrido.

Carolina de Jesus[6]

Nessa cozinha da casa grande, no fundo da casa, as mulheres estavam a maior parte do tempo. O calor, os diversos odores, a panelada de tripa de carneiro escaldada para tirar o cheiro forte, a galinha à cabidela cozida no sangue, a paçoca moída no pilão, o arroz de leite, a bala de café, tornavam aquela cozinha o lugar mais afetuoso da casa.

---

[6] JESUS, C. *Quarto de despejo: diário de uma favelada*. São Paulo: Ática, 2014, p. 39.

Eram cinco tias avós, a avó, a bisa, as cinco filhas do senhor, a Rosa, a Didi e as cunhadas dos cinco irmãos da mãe e as cinco primas. Era um mundo de mulheres e meninas. Todas viviam em torno da casa grande. Tudo ali parecia mágico e as muitas mulheres dançavam uma coreografia não ensaiada, mas determinada desde tempos imemoriais.

Quitéria era a negra forte, trabalhadeira, muito topetuda e casada – assim falada na casa do senhor. Vera foi quem cuidou de todos os filhos e netos do senhor. Décadas se passaram e ainda é possível encontrá-las ao redor do fogão ou escolhendo o feijão na mesa de madeira. Tia Carmo, que via espíritos; tia Elisabete, a brava; tia Isabela, a bonita e inteligente, de grande prestígio; tia Joaquina, a que perdeu o juízo. Tinha também a louca da rua, a Roberta, diziam-na "louca varrida". Todas as crianças tinham medo dela. Sempre com o cabelo desarrumado, entrava nas casas sem ser convidada, às vezes levantava a saia e mostrava a calcinha.

Quitéria, além de ser mulher, trazia ainda outra marca, a da "cor". Uma marca de outremização, conceito cunhado por Toni Morrison que consiste em uma forma de objetificar o outro[7], tornando-o resto a ser explorado, como coisa, objeto inumano. Por ser a única caracterizada como negra, esse dito registrava uma diferença como signo travestido de desigualdade, uma marca de objetificação.

Foi da avó que a menina gasguita havia herdado o nome. Seu pai foi o responsável por essa homenagem. Ele justificava a escolha pela avó ser, segundo ele, uma santa, uma santa mulher, um *Sinthoma* que atravessou gerações.

---

[7] MORRISON, T. *A origem dos outros: seis ensaios sobre o racismo e literatura.* São Paulo: Companhia das Letras, 2019.

Ela suportava tudo, servia a todos e se calava. Nada reclamava, tudo via e nada falava. Viria a morrer de mal de Parkinson, sem conseguir dizer uma palavra. Coube, desde sempre, à menina gasguita combinar todos os ingredientes, decidir quais usá-los na receita que ressignificasse seu nome com novos sabores. Os nomes sempre se embaralhavam na sua cabeça. Como nesse emaranhado ela encontraria o que lhe era próprio? Havia um nome próprio?

Atrás da casa grande ficava a sorveteria com seus vários sorveteiros, todos empregados do senhor da casa. Nas andanças pelo quintal, eles observavam as conversas imaginárias da menina. Enquanto ela falava sozinha, percebia os olhares curiosos. Continuava a brincar no seu faz de conta, sabia que não era real; era um faz de conta no qual acreditava.

Na tarde em que preparava o bolo de areia, gasguita estava feliz e falante. Mas se calava cada vez que um dos tios ou o avô cruzava a porta da cozinha. Tia Elisabete também lhe dava medo, ela que a havia chamado gasguita. Sua mãe dizia que era espilicute. Às vezes, quando derramava ou quebrava algo, era lesada.

Tinha duas tias e um tio que eram escondidos em alguns eventos ou recebiam ordens para calarem-se quando chegava visitas. Ouvia o senhor e alguns outros dizerem: fiquem quietos, parecem loucas ou abestado. Dizia-se que isso era porque esses avós eram primos legítimos, carnais, primos de primeiro grau. A família tinha várias lendas e, entre elas, as histórias que envolviam os três. Uma dessas tias havia nascido de choque. A vó, grávida dela, estaria passando roupa em um dia de chuva e tomou o choque — por isso ela era desse jeito. Seu jeito consistia em defender aos que amava e ser, por isso, excluída. A outra tia, havia nascido logo em seguida ao choque. A avó havia passado a gravidez ocupada em idas e vindas do hospital e não pôde lhe dar atenção, por causa dos ataques da outra filha. Por isso nasceu nervosa. As duas, desde sempre, foram inseparáveis, unha e carne. Vivem na mesma casa até hoje, sozinhas.

Quem ganhou o nome do avô foi o filho nascido forte, menino inteligente, prodígio na escola – segundo a tia Elisabete. Mas quando ele caiu do cavalo ficou perturbado. Aí ganhou outro nome, Tatá. O Tatá ficou tantan, passou a ser dito. Somente anos mais tarde foi diagnosticado como esquizofrênico.

Tatá era muito agressivo. Foram necessários muitos verões para que a menina compreendesse que ele trazia à luz o real da cena familiar. Tatá expunha ao sol escaldante do nordeste o que muitos da família preferiam deixar nas sombras. Estava aí exposto o que o clã pensava e fazia de forma sorrateira, perversa e negacionista, mantendo a mentira familiar conjunta sobre o comando do senhor idealizado. Eram ditos loucos aqueles que deixavam à vista a loucura dos que se diziam 'normais' e tinham muito a esconder. Os ditos anormais reproduziam sem véus as maldades premeditadas, perversas que orquestravam o pacto silencioso dos que acreditavam que esses atos deveriam permanecer nas profundezas.

Talvez o faz de conta da menina gasguita tivesse um pouco da doidice de Tatá. A diferença é que ela sabia que era só uma brincadeira. Um faz de conta para suportar o insuportável do não dito. Era tanto não dito que também ela aprendeu a calar, sua garganta adoeceu e a palavra se calou.

Como se doma uma língua selvagem? Amputando-a. O interior de uma casa guarda segredos inimagináveis que uma garganta gasguita é proibida de proclamar. Suas amídalas foram arrancadas, só cicatrizaram quando pôde falar sobre o que viveu nos anos passados nessa casa.

Naquele dia levaram o bolo de areia ao forno e o desejo da menina de comê-lo crescia como a massa na forma. Tinha ficado lindo! Era difícil resistir a cortar um pedaço quente ali mesmo. Mas ela queria dividi-lo com seu pai. Seria uma epopeia levá-lo para a casa. Horas de caminho, as alças das sacolas de mantimentos a pressionar seus dedos de menina de cinco anos, corando-os com o sangue até arroxeá-los. Ela atravessaria a cidade, chegaria em casa e poderia então saborear o prêmio conquistado com seu pai.

Já de saída, no portão da rua, o senhor da casa proclamou: "Bolo não! Só leva arroz e feijão. Se quiser comer bolo, come aqui." Arrancou o bolo das mãos da mãe. Tomou o bolo feito pelos pequenos braços e completou: "Não vai levar bolo para o vagabundo do seu marido!"

Quando se casaram, a mãe tinha 19 e o pai 23 anos. A menina nasceu em dezembro, mas foi registrada somente em janeiro, um mês depois do seu primeiro vagido. Ela sempre recebe os parabéns no ano seguinte. Depois soube por dizeres soprados pelo vento que isso não foi um erro por questões burocráticas, mas uma maneira da mãe se justificar com a família, de afirmar seu nascimento no "tempo certo" – o tempo do desejo do Outro.

Nessa época a mãe parou de estudar. O pai fazia faculdade particular com bolsa, trabalhava de garçom desde o período da tarde até a madrugada na peixada do Meio, que ficava no meio da praia de Iracema, de frente para o mar.

Eram épocas em que a menina vivia no seu próprio mundo construído com a magia das histórias contadas e cantadas

PSICANÁLISE E FEMINISMO NEGRO

pela mãe. Residiram em várias casas; cada vez que o aluguel subia, se mudavam. A casa da Julieta Faria, onde moravam, a assustava, pois ao lado havia uma sorveteria. O vai e vem de homens, trânsito e imensos bonecos assustadores enchiam o ambiente de luz e sombras. Saíram do centro e foram para a periferia da cidade. Era bem distante, mas mais calmo.

Tinha a casa branca das baratas. A mãe gritava de medo, a menina gasguita achava engraçado toda a gritaria e seu medo de baratas. Ela nunca teve medo de baratas, tinha medo dos homens e de algumas mulheres como tia Elisabete que parecia ter alma de homem, talvez tivesse. Outra casa tinha um pé de jambo. Ela adorava aquele pé! Tempos depois, já habitando outras terras no norte do país, a menina leu *O meu pé de laranja lima*[8] e chorou igual uma desesperada, devia ter aí uns dez anos. Pisar nas raízes desses pés a fazia sentir nas plantas de seus próprios pés as histórias que tinha vivido, sonhado, imaginado. Histórias de tantas marias, maria que ela também carregava em seu nome.

Nessa época, o pai partiu para o norte à procura de trabalho. Retirante que se retirou de sua terra na procura de novas oportunidades. O pai repetia tantas e tantas vezes, parafraseando Euclides da Cunha:

O nordestino é antes de tudo um forte.[9]

---

[8] VASCONCELOS, J.M. *Meu pé de laranja lima*. São Paulo, Melhoramentos, 1968.

[9] Euclides da Cunha escreveu: "O sertanejo é antes de tudo um forte." In: CUNHA, E. *Os sertões*. Rio de Janeiro: Fundação Darcy Ribeiro, 2013, Cap. III, p.115.

Sonhei que eu residia numa casa residível [...]
Eu comia bife,pão com manteiga, batata frita
e salada. Quando fui pegar outro bife despertei.

CAROLINA DE JESUS[10]

Esses foram os anos mais duros e secos, com a partida do pai foram morar nos arredores da casa grande. O discurso do senhor ecoava em cada tijolo e fazia-se ouvir: "Os indesejados dão despesa." A carne foi retirada do prato delas nessa mesma noite. A menina gasguita já estava magrinha e doente da garganta, uma noite a mãe colocou o bife escondido no prato dela e cobriu com arroz. Mandou comer na garagem. Escondida, se agachou entre dois carros e comeu com as luzes apagadas. As lágrimas caíam, foi a noite em que seu pequeno coração ficou apertado e o nó na garganta se tornou insuportável. A carne tinha gosto de fel, ela jamais comeria nada tão amargo. A mãe nunca soube. A menina gasguita preferia ter comido o arroz puro.

De medo de Leão
passei a onça braba
Onça pintada

Pintada de esperança
Pintada de desejo.

Com esta vestimenta, me pintei de coragem
Pintada de guerreira para lutar contra minhas dores
*   e medos.*

Sou onça pintada
fêmea: A onça E não

---

[10] JESUS, C. *Quarto de despejo: diário de uma favelada.* São Paulo: Ática, 2014.

Leoa, a fêmea do Leão
Sou: A onça Pintada!!!

Se diz: A
Onça macho
A Onça fêmea

O que sou?

Não sei
Só sei que sou onça pintada e da Braba.

Anos depois o pai veio buscar. Ela tinha acabado de fazer a cirurgia, tinham retirado as amídalas, pois vivia com elas inflamadas e muita dor de garganta. Se chupava algum picolé da sorveteria do senhor, caía de cama doente. Só a dolorida benzetacil dava jeito.

Recém-operada embarcou com sete pessoas na Belina branca que levava ela e a família para longe. Foram cinco dias de viagem de Fortaleza a Pimenta Bueno em Rondônia. O caminho foi recheado de aventuras, se perderam, passaram por um penhasco cujas pedras do alto se soltavam, por rios de água fresca onde se banharam. Tudo era aventura! A menina entendeu que no meio dos caminhos tortuosos da vida sempre haveria um rio. Drummond escreve em seu poema "No MEIO do caminho tinha uma pedra[11]". No caminho da menina, além de pedras também houve rios.

No meio do caminho tinha um rio, tinha um rio no
meio, tinha um rio e eu rio.

---

[11] ANDRADE, C. D. (1930) No meio do caminho. In: ANDRADE, C.D. *Alguma poesia*. Rio de Janeiro: Record, 2022.

UMA NOVA FORMA DE COSTURAR

> *Porque os olhos brancos não querem nos conhecer, eles não se preocupam em aprender nossa língua, a língua que nos reflete, a nossa cultura, o nosso espírito.*
>
> Anzaldúa[1]

Desbravando novas estradas e percursos, nas curvas de rios, uma família de retirantes tomou outros rumos. Terras outras, que não eram as de origem, a receberam não como forasteiros, mas como encontro de diferentes exilados. A mesma rua era o novo endereço de gente de todos os lugares: do sul, do nordeste, do sudeste. O norte recebia a

---

[1] ANZALDUA, G. "Falando em línguas: uma carta para as mulheres escritoras do terceiro mundo" *Rev. Estud. Fem.* 2000, vol.08, n.01, p.229. Disponível em: http://educa.fcc.org.br/scielo.php?script=sci_arttext&pid=S0104-026X2000000100017&lng=pt&nrm=iso p. 229) em *"Falando em Línguas: uma carta para as mulheres escritoras do terceiro Mundo"*, acessado em 27 de fevereiro de 2025.

todos em suas misérias e esperanças. Nesse rincão a menina encontrou outras famílias que também tinham perdido tudo e chegaram só com a esperança nos olhos, a coragem e a força do desejo de encontrar trabalho e construir uma vida nova, em um movimento diaspórico.

Nessas terras, novos cheiros, gostos, movimentos e formas de falar foram se misturando. Macaxeira podia ser mandioca, aipim. Terra distante de tudo, onde tudo faltava, não havia estrutura, nem de saúde, nem de educação; existia uma mistura de cores, sotaques e culturas, efeitos dos cruzos. Aí, onde todos eram sem-terra, exilados de suas origens, onde a menina se sentiu pertencente, ela recuperou sua voz.

A casa que acolheu a menina e sua família era de madeira, toda amarela, tinha dois quartos. Em um ficava o irmão, a tia e ela. No outro, os pais. Era uma casa emprestada por um tio que tinha ido antes para Rondônia, mas era a casa deles, ali faziam o que queriam. No grande quintal, com sua imensa mangueira, criavam carneiros, bodes, coelhos, rãs... A cada ideia nova do pai, uma nova criação. A casa amarela era iluminada por sonhos, prenhe de esperanças. O amarelo transmudou-se da cor do medo para a cor do sol que dourava os sonhos da menina durante esses anos.

A mãe odiava os carneiros. "Onde já se viu criar bicho em quintal?", perguntava a si mesma todas as manhãs enquanto limpava o rastro deles. Na escola, a menina era conhecida como a menina dos cabritos. Isso não a chateada, todo o contrário. Ela adorava os carneiros e os cabritinhos que iam nascendo! Principalmente a Esmeralda! Ela escolheu a menina! Pulava quando a via, a seguia quando saía de casa. A menina testemunhou e chegou a ajudar em alguns partos. Para seus olhos cheios de anseios era mágico ver os bichos nascerem todos envoltos em uma gosma transparente. A mãe lambia até limpar tudo aquilo. Gostava de ver, atiçava sua curiosidade.

Nessas terras, a menina fez muitas amigas. Uma a uma, ajudaram ela a se reencontrar. Ana, Joelma, Márcia, Maggi, Leninha e eu, Hilza, que hoje ponho no papel essas escrevivências da menina e de tantas outras mulheres. Talvez tenham sido essas minhas primeiras experiências em escutar e ser escutada.

Ana, teve uma grande importância ao longo de toda minha vida. Ela foi minha primeira ana-lista. Era uma menina de uma terra distante da minha, eu do Ceará, ela do Paraná. Com origens muito diferentes, compartilhávamos as dificuldades. Juntas fomos refazendo as nossas histórias, colecionando lembranças e construindo sonhos. Com o passar dos anos meu pai conseguiu um trabalho melhor, mas os pais da Ana não. Então, se eu comprava uma calça, ela tinha que caber em mim e na Ana.

Décadas depois, deitada no divã de minha analista em uma sessão, disse: "Sonhei que comprava um ingresso para mim e minha amiga Ana, mas ela não se sentava no mesmo lugar". Minha analista se levantou: "E tem como dois se sentar no mesmo lugar?" Foi esse o instante em que percebi o quanto esperava que essa outra mulher estivesse no mesmo lugar, na mesma posição que eu estava. Eu buscava o encontro, o fim do vazio, uma existência de dois no mesmo lugar. Ansiava que uma outra mulher me dissesse o que fazer e dizer diante de um mundo de homens que ditavam ordens o tempo todo. Quando nos deparamos com o ódio, a violência, o terror, abrem-se dois caminhos: insistir pela via do ódio ou se salvar pelo amor, pelo sonho, que marca um desejo e, assim, uma saída do jugo do gozo do Outro pode acontecer.

> *o discurso emocional à verdade contundente da denúncia presente na fala do excluído.*
>
> LÉLIA GONZALES[2]

Esse discurso não implica um fora da razão, mas uma outra razão. Aquela que destaca as emoções, a subjetividade e torna o discurso mais humanizado. O maior risco do total desencontro é não ouvir o outro, não levar em conta a alteridade, não considerar o outro, em sua diferença, parceiro de caminhada. Posicionar-se no lado feminino traz a possibilidade de alteridade, já que é um saber rachado, furado, não é complemento e sim suplemento. Por isso saí da lógica binária do encontro.

Chimamanda aponta o "quão impressionáveis e vulneráveis somos diante de uma história, particularmente durante a infância[3]". Encontramos o real onde há marca, onde houve corte e algo foi perdido. Como aponta Lacan: "se *o discurso analítico* funciona, é certamente que nós perdemos alguma

---

[2] GONZALES, L. *Por um feminismo afro-latino-americano*. Organização: Flavia Rios, Márcia Lima. Rio de Janeiro: Zahar, 2020, p. 44.

[3] ARCHIE, C. N. *O perigo de uma história única*. São Paulo: Companhia das letras, 2019. chimamanda_ngozi_adichie_-_2019_-_o_perigo_de_uma_historia_unica.pdf, acessado em 02 de março de 2025.

coisa em outro lugar.[4]". A infância é a terra que pisaremos por um tempo imanente, que nos transcende e aponta uma história ancestral.

a palavra é o destino de quem recusa o cativeiro

VAL FLORES[5]

A saída é pela confecção de novos arranjos com a palavra, para que nenhuma mulher precise pagar com seu corpo e com seu silêncio. Que criem dizeres transformados em ato, que as permitam sair da subalternização, inventada e criada não pelo sujeito marginalizado, mas por uma projeção do Outro social.

Lélia Gonzales discute o duplo fenômeno do racismo e do sexismo apontando que o sujeito obterá suas interpretações segundo a posição na qual ele se localiza. Assim, o dizer do sujeito é fruto do lugar no qual o sujeito se vê e se escuta – para Lacan o inconsciente é a política. Segundo ela, o racismo é constituinte da "neurose cultural brasileira[6]" e, portanto, um sintoma. A autora, com a psicanálise, explica esses dizeres e ditos como linguagens estruturadas em uma lógica neurótica produzindo um sintoma que está

---

[4] LACAN, J. (1974-1975) *Seminário RSI*, aula de 10 de dezembro de 1974, inédito.

[5] FLORES, V. (2010) *apud* OLIVEIRA, E. C. S. A docência como uma performance feminista. *Pesqui. prát. psicossociais*. 2020, vol.15, n.3, p.5. Disponível em: http://pepsic.bvsalud.org/scielo.php?script=sci_arttext&pid=S1809-89082020000300007&lng=pt&nrm=iso, acessado em 27 de fevereiro de 2025.

[6] GONZALEZ, L. Racismo e sexismo na cultura brasileira. Revista Ciências Sociais Hoje. Anpocs, 1984, p.224.

na linguagem, no discurso do mestre contemporâneo do capitalismo.

No que diz respeito à identificação, Grada Kilomba[7] aponta as dificuldades relacionadas aos enlaces identificatórios em uma sociedade que "de-turpa", perturba, deixa turva a visão da/o negra/o sobre si mesma. Ela afirma que o sujeito negro é submetido em uma luta para se identificar com o que ele mesmo é, mas que no mundo conceitual branco é visto como ameaça. Grada afirma que o racismo é um constructo discursivo e não biológico, pois o ser humano é produto do discurso (diz-curso). O sujeito é falado antes mesmo de nascer, desde os primeiros contatos com o Outro da cultura e traz a marca da língua e dos ditos contidos nos discursos. Portanto, se é pelo discurso que esses corpos são marcados, é pelo diz-curso que se pode encontrar novas saídas.

Kilomba argumenta que a tomada da palavra é processo de descolonização dado por processos de negação, culpa, vergonha, reconhecimento, reparação[8]. Por meio deles, pode ocorrer uma responsabilização pelo dito e, como consequência, o sujeito ou um povo pode apropriar-se de sua história.

Erika Oliveira[9] refere-se à palavra por intermédio da 'auto-história', conceito elaborado por Gloria Anzaldúa,

---

[7] KILOMBA, G. *Memórias da plantação – Episódios de racismo cotidiano.* Rio de Janeiro: Cobogó, 2019.

[8] *Ibid.*, p. 11.

[9] OLIVEIRA, E. C. S. A docência como uma performance feminista. *Pesqui. prát. psicossociais.* 2020, vol.15, n.3, p.5. Disponível em:

que liga o coletivo ao singular, em formato de "autobiografia ficcionalizada". A autora defende que é necessário "escrever para não esquecer e também para ocupar espaços dos quais fomos terrivelmente apartadas[10]". Um segredo guardado oprime, algo não dito paira no ar e o opressor, em um processo de projeção, continuamente sente o oprimido como ameaçador.

> A boca é a superfície de domesticação e, ao mesmo tempo, da resistência sexo-colonial [...] a voz das(os) colonizadas(os) produz ansiedade em quem as ouve, pois existe uma fobia em relação às pessoas escravizadas e colonizadas e também um terror dos(as)sujeitas(os)-cidadãs(ãos) modernos quando se deparam com o fato de que a(o) colonizada(o) também pode ser agente.[11]

O silêncio oprime, mas não apaga as marcas de uma história. Dessa forma, essas escrevivências, essas falas e dizeres que fazem uma "auto-história" se costuram com as possibilidades de trocas e ampliação de discursos do feminino na psicanálise na sua forma de alteridade; marca de radicalidade da diferença em conjunto com os feminismos negros.

Encontro de histórias em que há marcadores de diferenças mas que, simultaneamente, traz lugares de dizeres que subvertem a lógica da opressão, conservando espaço para

---

http://pepsic.bvsalud.org/scielo. php?script=sci_arttext&pid=S1809-8908 2020000300007&lng=pt&nrm=iso, acessado em 27 de fevereiro de 2025.

[10]*Ibid.*, p.5.

[11]*Ibid.*, p.8.

que cada um diga, a seu modo, de lutas políticas, sejam elas as da política do inconsciente ou as da busca por reparação.

É quando temos voz que a garganta cura e a palavra
ganha lugar de fala.
Escrever, escritura, inscrição

Meu choro não é nada além de carnaval
É lágrima de samba na ponta dos pés
A multidão avança como um vendaval
Me joga na avenida que não sei qual é

Pirata e Super Homem cantam o calor
Um peixe amarelo beija a minha mão
As asas de um anjo soltas pelo chão
Na chuva de confetes, deixo a minha dor

Na avenida, deixei lá
A pele preta e a minha voz
Na avenida, deixei lá
A minha fala, minha opinião
A minha casa, minha solidão
Joguei do alto do terceiro andar

Quebrei a cara e me livrei do resto dessa vida
Na avenida dura até o fim
Mulher do fim do mundo
Eu sou e vou até o fim cantar

Meu choro não é nada além de carnaval
É lágrima de samba na ponta dos pés

A multidão avança como um vendaval
Me joga na avenida que não sei qual é

Pirata e Super Homem cantam o calor
Um peixe amarelo beija a minha mão
As asas de um anjo soltas pelo chão
Na chuva de confetes, deixo a minha dor

Na avenida, deixei lá
A pele preta e a minha voz
Na avenida, deixei lá
A minha fala, minha opinião
A minha casa, minha solidão
Joguei do alto do terceiro andar

Quebrei a cara e me livrei do resto dessa vida
Na avenida dura até o fim
Mulher do fim do mundo
Eu sou, eu vou até o fim cantar

Mulher do fim do mundo
Eu sou, eu vou até o fim cantar
Cantar, eu quero cantar até o fim
Me deixem cantar até o fim

La,la,la,la,la,la,la
La,la,la,la,la,la,la,
Até o fim eu vou cantar
Eu quero cantar
Eu vou antar até o fim
La,la,la,la,la,la,la, la, la

Eu vou cantar, eu vou cantar
Me deixem cantar até o fim
Me deixem cantar até o fim
Me deixem cantar
Me deixem cantar até o fim

ELZA SOARES[12]

Com Ana retomei o caminho de um dizer que havia sido interrompido. Com ela reencontrei a palavra ao relatar oralmente minhas histórias. Fui relembrando, ressignificando e entendendo algumas cenas sobre as quais hoje posso escrever. Ana, ao me contar suas vivências e ouvir as minhas, abriu a mim a possibilidade de um novo lugar de escuta e de fala; anos depois, de escrita.

Morando na casa grande, a mãe da menina dizia: "A Laura tira dez sem esforço, você tem que se esforçar para tirar dez, mas é inteligente". Dito dúbio que a atravessava, fazendo-a hesitar e duvidar. Quando a mãe se punha a ensinar e ela errava, dizia: "aprende" e, às vezes aterrorizada pela ideia de que a filha não fosse aprender, puxava os cabelos da menina. Essas falas apontavam uma falsa crença na sua própria insuficiência e seu medo de passar essa herança aos filhos. É aí que a história da carochinha se perpetuava como verdade. Esse dizer ecoou de certa forma na menina e nos seus irmãos.

Amendrontada pelo ditado "O fruto não cai longe do pé", ela questionava seus frutos. Sua prole escutava essas falas nascidas de história anteriores à maternidade. Na casa

---

[12] COUTINHO, A.; FRÓES, R. Mulher do fim do mundo. Álbum: *A mulher do fim do mundo*, Circus, 2015

grande o senhor dava estrelas aos filhos. Esse é quatro estrelas, essa três, essa duas, uma ou nada. Ela era sempre mediana, no máximo um sete. Morria de medo de seus filhos serem medianos e não conseguirem "vencer na vida".

No nordeste ser inteligente é fundamental para sobreviver. "Êêê... tem cabeça grande, é sinal de inteligência." A lenda da cabeça chata do nordestino começa no que se ouve: "Esse menino é inteligente, quando crescer vai para São Paulo." Esse dito que acompanhava palmadinhas na cabeça.

O estudo para o nordestino é a forma de "vencer na vida", como tantas vezes a menina escutou... Sabemos que, para isso, o esforço nem sempre é suficiente. Nem sempre o esforço de sol a sol traz os resultados desejados. O trabalho e o tempo de um corpo que se coloca à disposição de outros deveria ser valorado, mas no sistema atual somente quem detém o capital recebe esse atributo. O povo sofrido, trabalhador, guerreiro que, em sua grande parte, vive da força de seu trabalho físico, são os excluídos dos benefícios aos quais o capital abre o acesso. Talvez essa seja a razão da menina ter ouvido muitas vezes que era importante ser inteligente, quase uma dádiva. Para um povo que tem a força de seu trabalho físico explorada, estudar e exercer um trabalho intelectual é algo valioso. Porém, o mérito, como alguns pregam, funciona como manobra perversa. O próprio discurso da meritocracia passa, por contrabando, uma mensagem opressora, racista e preconceituosa, no qual o dito "faça acontecer" esconde um "impeça que aconteça", como observou Lélia Gonzales.

Durante muitos anos a menina acreditou que seu dizer oral ou escrito era para ser silencioso e cuidadoso. Ali, na escola pública do interior de Rondônia, onde faltava professores, testemunhou preconceitos, mas também se misturou a todos em seus sotaques, culturas, histórias. Certa vez, uma professora pediu para estudar a linguagem de sua mãe e a de uma vizinha, que era do Rio Grande do Sul. Palavras e sotaque nordestinos, fora do vocabulário e da escuta da professora, um mundo à parte: fechicler, espilicute, cabrita, cruzeta, dindim, merenda, cebola- que se pronunciava cibola –, gasguita, arretada, arengar, arrudiar, boliu, mangou, barruou, basculho, aporrinhada, amostrada, avexada, fuleiro, cafundó, rebola no lixo, arroz escoteiro, baixa da égua, botar boneco, não vale um pequi podre... Palavras e expressões transmitidas pela tradição oral – a menina teve que corrigir a maioria delas quando as escreveu; não constavam nos livros, não eram ensinadas nas escolas. Mas estavam coladas à sua identidade ancestral. Era sua linguagem ancestral. A professora achou mais complicadas as palavras da mãe da menina que as faladas pela vizinha.

Seu sotaque se misturou a tantos outros que é quase indecifrável para alguns saberem de onde ela é. Eu soube que quando ela voltou ao nordeste, eles diziam que ela não era mais de lá. Quando estava em outros lugares diziam: "Você não é daqui." A menina entendeu: "Sou retirante, estrangeira." Pedaço da infância no nordeste, outro no norte. Uma passagem pelo sudeste e outros muitos anos no centro-oeste de nosso país, onde a reencontrei. Misturavam-se nela línguas, sotaques e cenas, escritas, escrituras e inscrições. Passou a vida nessa multiplicidade.

Como a menina, eu também passei um pedaço da infância no nordeste. Uma família, no interior de São Paulo, certa vez recebeu meu marido, meus filhos e eu para um almoço. No vai e vem da conversa, meu jeito de falar virou chacota. Falei cibola, ao invés de cebola como os paulistas estão acostumados a escutar. Tentaram a todo custo provar que a minha pronúncia estava errada. Nem adiantou argumentar que o sotaque de alguém não pode ser considerado errado. No Ceará cebola se escreve igual, mas damos ao "e" o som de "i". A discussão se estendeu até tornar-se agressiva. Saí da mesa muito abalada, jamais trataria alguém que estivesse me visitando dessa forma. Isso era estar na casa do Outro patriarcal, dono da verdade e que tudo pode dizer, imprimindo seu dito sobre o dizer do outro. Afinal, quem é uma mulher do nordeste para dizer que a forma dela de falar estava correta?

Em *Como domar uma língua selvagem* Gloria Anzaldúa indaga: "Como você doma uma língua selvagem, adestra-a para ficar quieta, como você a refreia e põe sela? Como você faz ela se submeter?[13]" Línguas selvagens não podem ser domadas, elas podem apenas ser decepadas.

> *E nossas línguas ficaram*
> *secas o deserto*
> *secou nossas línguas*
> *e nós esquecemos como falar*

> IRENA KLEPFISZ[14]

---

[13] ANZALDUÁ, G. Como domar uma língua selvagem. *Cadernos de Letras da UFF – Dossiê: Difusão da língua portuguesa*, no 39, p. 297-309, 2009, p. 306.

[14] KLEPFISZ, I. (1986) *apud Ibid*, p. 306-307.

Às vezes somos ensinados a desaprender a língua originária, aquela da diferença radical, que faz laço, mas também nos faz únicos. São vozes gasguitas. Mas o opressor não tem o poder de calar, porque o dizer do oprimido o desmascara. O silêncio imposto, o não dito, continua a pairar no ar e engendra o seu próprio horror, por isso o ódio do dominador sobre o dominado, o escravizado, o diferente, o estrangeiro: o silêncio é a testemunha do seu ódio.

Lélia Gonzales inicia o texto *Racismo e sexismo na cultura brasileira* com a seguinte narrativa:

> ...Foi então que uns brancos muito legais convidaram a gente prá uma festa deles, dizendo que era prá gente também. Negócio de livro sobre a gente, a gente foi muito bem recebido e tratado com toda consideração. Chamaram até prá sentar na mesa onde estavam sentados, fazendo discurso bonito, dizendo que a gente era oprimido, discriminado, explorado. Eram todos gente fina, educada, viajada por esse mundo de Deus. Sabiam das coisas. [...] A gente tinha que ser educado. E era discurso e mais discurso, tudo com muito apaluso. Foi aí que a neguinha que tava sentada com a gente deu uma de atrevida. Tinham chamado ela prá responder uma pergunta. Ela se levantou, foi lá na mesa prá falar no microfone e começou a reclamar por causa de certas coisas que tavam acontecendo na festa. Tava armada a quizumba. A negrada parecia que tava esperando isso prá bagunçar tudo. [...] Onde já se viu? Se eles sabiam da gente mais do que a gente mesmo? [...] Agora, aqui prá nós, quem

teve a culpa? Aquela negrinha atrevida, ora. Se não tivesse dado com a língua nos dentes...[15]

É disso que se trata: quem faz a confusão é o oprimido que quer falar dele usando seus próprios termos. O opressor proclama: Quem ele pensa que é? Vamos falar correto e do nosso jeito, deixa que a gente sabe falar por vocês.

> *Alguém pode falar (somente) quando sua voz é ouvida.*
>
> GRADA KILOMBA[16]

Nas culturas africanas e indígenas, as tradições orais têm uma importância fundamental na transmissão da história de seu povo, sua cultura, sua arte, na sua forma de se relacionar com o outro, com sua comunidade. O nordestino é forjado com histórias trazidas pelos ventos de lugares distantes, de outros continentes, de nativos que já estavam nestas terras quando os colonizadores chegaram. Esses povos ancestrais têm lutado para reviver suas histórias e suas línguas após tantos anos de apagamento.

A psicanálise trabalha com a fala, com a linguagem que constutui o sujeito falante. Esse processo afasta-se profundamente do que poderia ser tomado como natural, é construção. É pelo dizer que o sujeito reconstitui suas histórias; dizeres na relação com o outro, ditos vindos de

---

[15]GONZALEZ, L. Racismo e sexismo na cultura brasileira. Revista Ciências Sociais Hoje. Anpocs, 1984, p.223.

[16]KILOMBA, G. *Memórias da plantação – Episódios de racismo cotidiano.* Rio de Janeiro: Cobogó, 2019, p. 42.

outros, possíveis dizeres sobre si mesmo e seu desejo. Calar o dizer é usurpar a história do sujeito, de um povo. O trabalho analítico é uma possibilidade para que esses dizeres reapareçam. Para reaprender a língua originária é preciso recuperar quem se é, entrar em contato com sua falta para, a partir daí, poder gozar de outra forma.

A psicanálise vai atuar também no rasgo da linguagem, no encontro traumático com o real do corpo marcado por essa inscrição. Divisão do que se diz e do não dito, falta que atua, subversiva, mas não reparadora. Esta é a ética e o limite da psicanálise.

Essas escrevivências, contos e conversas colhidas ao sabor das estações, recriadas por esse universo do feminino ao meu redor, aproximaram-me das tradições orais africanas e indígenas. Em *Torto Arado*[17], a mãe das duas irmãs começa a falar, transmutando-se em um livro vivo, em uma obra que carrega as lembranças que trazem marcas vivas de um tempo passado e do por vir. Nas narrativas que ouvi, a ficção e a realidade se misturavam, tornavam-se uma só versão.

> *Capas de passado não digerido, que surgem como ferida acumulada.*
>
> SILVIA CUZICANQUI[18]

Para a mãe da menina arrumar os dentes estava no campo do impossível. Demoraram muito para levá-la ao dentista, o

---

[17] VIEIRA JUNIOR, I. *Torto arado*. São Paulo: Todavia, 2019.
[18] RIVERA CUSICANQUI, S. (2012) "El ojo intruso como pedagogia" In: RIVERA CUSICANQUI, S. *Sociología de la imagen: ensayos*. Ciudad Autónoma de Buenos Aires: Tinta Limón, 2015, p. 295

que resultou em várias extrações. Uma das vezes, o dentista falou a seu pai que era necessário arrumar os dentes dela. O senhor da casa grande sentenciou: "Deixa para depois, vou arrumar primeiro os da mais velha." A mãe, já adulta, contou o epsisódio chorando. Já havia se passado muitas dezenas de anos. Nunca havia arrumado os dentes. Não é fácil cortar essas raízes, sem antes falar sobre elas e digeri--las. É necessário tempo. Tempo de deixar de ser a oprimida para ser autora da sua própria história. A menina que já havia se tornado mulher, disse a ela: "Você não é mais aquela menina, agora pode você mesma arrumar seus dentes com o suor do seu trabalho." Demorou, mas essa frase ecoou e ela consegui sair do gozo mortífero de seu algoz. Nisso ela rompeu com a corrente da escravidão do dizer do Outro.

Cedo percebo a importância da transmissão oral de um povo, de suas histórias e de sua ancestralidade, bem como o lugar central da escuta dos dizeres nos espaços de análise com uma escuta do feminino, do furo. O sujeito que fala conta uma história que deve ser escutada para que se constitua signo, inscrição, escrita que se torne texto e possa levá-lo a ocupar uma posição de ato no laço social. Grada Kilomba escreve:

> [...]a língua, por mais poética que possa ser, tem também uma dimensão política de criar, fixar e perpetuar relações de poder e de violência, pois cada palavra que usamos define o lugar de uma identidade.
>
> GRADA KILOMBA[19]

---

[19] KILOMBA, G. *Memórias da plantação – Episódios de racismo cotidiano.* Rio de Janeiro: Cobogó, 2019, p. 14.

PSICANÁLISE E FEMINISMO NEGRO

Por isso a importância da abertura ao diálogo, a ouvir outros discursos, outras falas, para sair do dito colocado pelo Outro e encontrar novos dizeres, forjando alternativas ao discurso colonial eurocêntrico. É importante demarcar que a psicanálise no seu nascimento foi norteada pelo pensamento eurocêntrico do final do século XIX, assim não teria a problemática dos corpos negros colonizados em seu escopo. Esses corpos estão se deparando com esse debate neste tempo porque seus dizeres não entravam no campo de visibilidade, não entravam no discurso.

A psicanálise deve estar implicada nos acontecimentos de sua época, pois do contrário estará fadada ao fracasso. Ouvir essas vozes é uma urgência para o campo psicanalítico. Os diálogos são necessários para a psicanálise começar fazer outros cruzos, ouvindo o que os movimentos feministas negros têm a dizer de suas dores, tomando a palavra como potência de transformação, de aposta na vida.

Lacan diz no seminário *Mais ainda*[20] que as mulheres são mais amigas do real. Esse real é circunscrito pela linguagem, passa por ela, mas há algo que escapa, permanecendo fora. Trata-se de um sentir que toca o corpo no real, ao qual a linguagem faz borda, mas não diz tudo. Sobre isso, somente um semi-dizer é possível.

A posição feminina marca o resto desse real não colonizado pela linguagem. Sinto-me perto desses restos, é aí que me encontro. O feminino diz de um lugar, de uma posição furada, sem um saber todo e que carrega a força radical da

---

[20] LACAN, J. (1972-1973) *O seminário, livro 20: mais, ainda*. Rio de Janeiro: Jorge Zahar Editor, 1985.

alteridade. O gozo Outro feminino como um gozo fora da lei que produz uma mulher singular no que tange ao seu encontro com o real e com seu gozo. Ao mesmo tempo, faz laços sem suplantar diferenças. Amplia as possibilidades de se reinventar com os trançados que é capaz de fazer com sua história. Uma mulher é sempre a Outra dela mesma, uma mulher é toda tabu. Gallano citando Morin: "Toda exclusão feminiza, toda exclusão situa o excluído em posição de *héteros*, de Outro[21]".

Apesar de a psicanálise abordar o feminino como uma posição e não algo do natural, o real do corpo é considerado. A ausência do falo imaginário a partir de uma falta real se traduz no simbólico pela linguagem marcada por uma ausência, por um vazio que provoca o horror. É a partir dessa falta que pode surgir uma criação única e, ao mesmo tempo, coletiva. É com essa falta que a psicanálise lacaniana vai trabalhar.

Parte de mim morreu no real do corpo, marcada no rosto, no nome, renasço aos poucos para fazer algo diferente: cuspir esse cálice. Essa herança de sofrimentos, o pior deixado pelo colonizador. Todos que um dia foram excluídos e não negaram suas misérias podem cuspir essa herança e criar algo a partir de seus próprios restos.

O real bate na carne, marcada pelo descaso e desamparo. Ferida aberta, não dá para fingir mais que não existe. Há algo estampado na cara, algo que retorna e marca de

---

[21] MORIN, I. *apud* GALLANO, C. 2011. Morin, I. "Une castracion singulière pas sans privation". *Lettre Mensuelle. Bulletin interne* à l'Ècole de la Cause Freudienne. Paris, n.5/1997, p. 85-86.

forma bruta, real, sem intermediações. Algo invade e faz marca, uma marca na alma e no real do corpo, marcado pelo imaginário e, em todos os tecidos significantes costurados pelo simbólico, fez-se um nome. Nome muitas vezes impossível de pronunciar, horror que encara de frente e não há palavras para descrever. É pelo desejo de um saber que ainda precisa ser costurado que se pode encontrar o seu próprio dizer. Somos marcados no real do corpo por uma história.

Nas minhas escrevivências, encontro-me com outras histórias que se entrecruzam com os dizeres do feminismo negro e das análises das não-todas, entrelaçando-se. O silêncio oprime, mas não apaga as marcas de uma história. Essas mulheres, artistas da escrita e da fala, dizem da dor do silêncio imposto, da violência de tirar a história do sujeito, sepultar sua ancestralidade, suas origens. Ato que é a morte da história de um sujeito e, no caso do racismo, de um povo.

> *Quem disse que privar um povo*
> *de sua língua é menos violento do que guerrear?*
>
> RAY GWYN SMITH[22]

O encontro entre o feminino na psicanálise lacaniana e o feminismo negro trata de um encontro de corpos, da terra pisada e vivenciada como morada, como descrito no livro de ficção *Torto Arado*[23]: a terra como extensão do corpo.

---

[22] SMITH, G. R. Moorland is cold country, livro não publicado apud ANZALDÙA, G. Como domar uma língua selvagem. *Cadernos de Letras da UFF – Dossiê: Difusão da língua portuguesa*, no 39, 2009, p. 305.
[23] VIEIRA JÚNIOR, I. *Torto Arado*. São Paulo: Todavia, 2019.

Assim, o feminismo negro me faz escutar de outro modo as histórias que produzem questões, me afetam e trazem elementos que me aproximam do real e, portanto, do feminino como abertura ao não dito e a um dizer que ainda está por vir, que não apaga o que foi vivenciado no real do corpo, mas pode ressignificá-lo. O feminino como uma experiência de abertura singular e coletiva que, ao se encontrar com o feminismo negro, pode produzir tensões como ferramenta de movimento na posição de analistas cujas práticas acontecem no Brasil, pois nossa realidade é a de um país colonizado, latino e estruturalmente racista.

Como uma mulher nordestina, retirante, nortista, percebi cedo os efeitos da violência patriarcal, do racismo, vi e ouvi mulheres serem massacradas, terem suas vozes caladas, as mulheres negras trazendo a marca da cor como identidade de raça, o corpo e o dizer foram marcados por essas experiências. Ao me encontrar com essas histórias do feminismo negro, afeto-me, pois apesar de não ser negra – nunca vou saber exatamente o que uma mulher negra vivencia na pele – suas histórias me sensibilizam, tocam-me, algo se encontra com uma parte de mim, com meus restos e furos a partir dessas trocas.

> *Asfixiadas, cuspimos a escuridão.*
> *Lutando contra nossa própria sombra*
> *o silêncio nos sepulta.*
>
> ANZALDUÁ[24]

---

[24] ANZALDUÀ, G. Como domar uma língua selvagem. *Cadernos de Letras da UFF – Dossiê: Difusão da língua portuguesa*, no 39, 2009, p. 306.

A partir dessas vivências, aproximo-me dessas dores e me fortaleço, encorajo-me a produzir minhas escrevivências marcadas e biografadas em meu corpo de mulher branca, com sotaques misturados e que sempre ouve, não importa onde: "Você não é daqui." Sou retirante e descubro que ser estrangeira pode ser fortaleza, como costumava escutar: "O nordestino é forte pelas próprias condições que teve que enfrentar". É possível, pela palavra, se reiventar, encontrar novas saídas.

Sou como a haste fina
Que qualquer vento me verga
Mas nenhuma espada corta.

MARIA BETHÂNIA[25]

---

[25] BETHÂNIA, M.; PINHEIRO, P.C. "Carta de amor" Álbum: *Maria Bethânia, Carta de amor*. Rio de Janeiro: Biscoito Fino, 2013.

Combinação de diferentes quadrados - a colcha se faz bela

Era uma vez Liliane
Filha de professora
Matéria da vida
Dona Neuza
Eu tô na corrida lembro, escola
Tinha bolsa
Nada no bolso
Vivia sempre no calabouço
No meio da perifa
Queria mais que aquilo
Não virar alvo de tiro
Melhor lugar pros meus filhos
Corri pra buscar
Deus que deu meu brilho
Não sai do trilho, não olhei pro lado

E olha que era difícil não comparar
Minha vida
Com quem tinha até demais
De sobra
Tipo que não ouve não
E não era só eu
Até hoje as minas como eu
Não tão acostumadas se ver na televisão
E sonhar
Com um mundo um pouco melhor
Espalhar
Mais sorriso por aqui
Olhar pro espelho saber que o tempo passou
   correndo
E que hoje a Liliane lá do bairro virou Negra Li
Nunca foi fácil ser mulher de aço
Mas tive que ser
Hoje posso ser
Tudo o que eu quiser
Eu vim de baixo, mas aqui do alto
Sei o que é viver
Não é sobreviver
É sobre viver
Lenda viva, preta diva
Negra Li, 4-2 contrariando a estatística
Eis me aqui
Virei o jogo de Brasilândia à Nova Zelândia
Brinquei na rua, mas meus filhos brincam na
   Disneylândia
Os hit, os feats Dina Di, Charlie Brown, Akon
A mãe tá on

Quer mais açúcar ou tá bom?
Relembro a trajetória do conforto do edredom
É bom lembrar, vim de um lugar onde rap
*   é o som*
Hoje eu sou tudo o que eu queria
Saí da periferia, mas a periferia não saiu de mim
Aprendi com RZO com o saudoso Sabota
Eu nunca fui de sabotar quem correu por mim
Sempre soube que não ia ser fácil o caminho de
*   uma mulher preta*
No meio de vários MC
Dona Márcia me jogou pra cima
Me deu esperança de chegar mais longe
Hoje eu tô aqui
Nunca foi fácil ser mulher de aço
Mas tive que ser
Hoje posso ser
Tudo o que eu quiser
Eu vim de baixo, mas aqui do alto
Sei o que é viver
Não é sobreviver
É sobre viver
É sobre viver (hm)
É sobre viver
É sobre viver
É sobre viver

NEGRA LI[1]

---

[1] CARVALHO, L.; MOREIRA, V. L.; FERREIRA, V. C.; LEITE, B. O.; GARCIA, O. D. Single: *Era Uma Vez Liliane*, 2022.

PSICANÁLISE E FEMINISMO NEGRO

Negra Li põe sua voz nesses versos que expressam a dificuldade de uma mulher negra para conseguir viver com dignidade, com todos os direitos que deveriam ser garantidos pelo Estado. Porém, na prática esses não são assegurados de forma igualitária, já que certos corpos sofrem os efeitos do racismo, como os corpos de mulheres negras. A mulher branca também sofre os efeitos do patriarcado, da misoginia, mas a cor de sua pele possibilita mais amparo social, econômico e político, colocando-a em uma posição de privilégio, ainda que sofra outras formas de violências. Por isso, é tão importante perguntar: O arco-íris comporta todas as cores? A letra dessa música serve de reflexão sobre essa marca de exceção e sobre as dificuldades em ser mulher de aço.

Assim como Negra Li, também brinquei na rua, estudei em escolas públicas em uma época na qual faltava tudo no norte do país. Essas vivências proporcionaram uma riqueza de diversidades que não aconteceria se tivesse frequentado uma escola particular – lugar de profunda segregação pois a presença de pessoas não brancas é exceção. Esse é um dos fundamentos da necessidade de políticas públicas de garantias em relação às questões raciais como as cotas, por exemplo.

Passados vários anos, eu embarcava para um destino antes impensável, a Disney. Levar meus filhos a esses parques marcava a construção de um alicerce emocional e financeiro que ultrapassava os limites ditados pelo Outro em minha história. Eu havia sido proibida, por meu pai, de aprender o inglês, a língua dos neo-colonizadores. Se eu fosse pronunciar algum de seus vocábulos era para abrasileirá-los. A língua era aqui signo das barreiras que deveriam ser ultrapassadas para que minha existência pudesse ser expandida.

No interior de Rondônia meus filhos puderam conviver um pouco com a diversidade na qual eu havia crescido. Esse novo rincão do Brasil é formado por cidadãos oriundos de distintas regiões, de diferentes classes e origens, o que enriquece o caldo cultural. Nessa rua tão colorida, eles brincaram e aprontaram com amigos de diferentes classes, raças, etnias, cores e gêneros. Um amigo se casou cedo e já é pai, outro está se formando em pedagogia, outro fez um curso profissionalizante, outro está preso.

A família que constituí formou-se em diferentes regiões do país. Entre nós há cearense, paulista, rondoniense e sul matogrossense. Crescemos nesse emaranhado de histórias. Eles tiveram essa oportunidade de viver o Brasil diverso, com suas contradições, suas inúmeras belezas e imensas desigualdades. Conviveram com as complexidades de diferentes brasis, sabem que nem sempre todos vão conseguir superar as dificuldades profundamente enraízadas na meritocracia branca, patriarcal, racista e sexista que produz todo tipo de preconceito acerca dos que não apresentam o estereótipo esperado no modelo neo-capitalista e colonizador.

Para melhor orquestrar a multiplicidade de contradições, utilizo a interseccionalidade como ferramenta política para problematizar a diferença como produtora de desigualdades e, simultaneamente, enquanto potência de vida e de diálogo.

O sincretismo foi utilizado como justificativa para apoiar o mito da democracia racial no Brasil[2], buscando apagar as diferenças. O cruzo suporta o encontro com os seus desencontros. Os caminhos podem se intercruzar, apesar de ou justamente pelas diferenças. No encontro interseccional a diferença não precisa ser sincretizada, miscigenada ou apagada.

Suportar a diferença singular ou coletiva, sem subsumir ou apagar os diversos dizeres, é o que ocorre no cruzamento de diferentes ideias e formas de ser no mundo. Esse movimento provoca torções de aproximação, mas não de apagamento. Opera com a possibilidade de manter as diferenças com alguns pontos de encontro, possibilitando a manutenção de discursos diversos.

Aí encontro também a psicanálise pois ela tem como premissa a falta e a relação com as formas de gozo do sujeito. Para ela, não há complementaridade, mas suprimento, sendo a alteridade feminina um dos nomes da incompletude e do suporte ao desencontro.

Ao pensar as formas de combater desigualdades, não apagando ou destruindo as diferenças, deparei-me com os movimentos feministas que desnaturalizam o concebido como natural. Assim, o discurso psicanalítico que promove o respeito às alteridades pode se interseccionar com esses movimentos sem realizar apagamentos de dizeres.

A psicanálise ouve o que está desajustado ao modelo normatizado, o que claudica, manca e que vem representado pelo sintoma do sujeito, ligado à sua alteridade radical.

---

[2] NASCIMENTO, A. *O genocídio do negro brasileiro: processo de um racismo mascarado*. São Paulo: Perspectiva, 2016.

Desde uma posição de escuta, é possível encontrar conceitos de intercruzamentos e interseccionalidade com o movimento feminista negro de descolonização.

Os movimentos feministas tocam esses conceitos de alteridade por outros caminhos, mas se cruzam, pela interseccionalidade, com a psicanálise enquanto ferramenta analítica, descolonizando o inconsciente e tensionamento as relações. Os movimentos do feminismo negro, com seus engajamentos sociais, dão forma a suas políticas públicas de igualdade de direitos que são marcos legais fundamentais dos projetos de justiça social.

Nesse contexto, o livro de Angela Davis *A Liberdade é uma Luta Constante* é inspirador. Martin Luther King, citado por Angela, traz à luz minha perspectiva sobre a indivisibilidade da justiça, na qual diferença não deve ser causa de desigualdades: "A injustiça em qualquer lugar do mundo é uma ameaça à justiça em todo o mundo[3]".

Várias lutas se encontram para ampliar a interligação de desigualdades de raça, classe, gênero, sexualidade, identidade de gênero, religião, idade, pessoas com deficiência, sistema prisional, xenofobia, políticas de imigração e de todos os que se encontram à margem de um sistema. Ao trabalhar com a margem, com os restos, com o que claudica, com o que anda capengando fora da estrada pavimentada pela norma, a psicanálise sinaliza a diferença como produção de singularidade. É justamente a partir dessa alteridade radical com o outro da cultura que se abre a possibilidade de criar laços menos

---

[3] KING, M. L. (1963) Carta de uma prisão em Birmingham *apud* DAVIS, A. *A liberdade é uma luta constante*. São Paulo: Boitempo, 2018.

opressores. Aí está a imensa possibilidade da psicanálise e, ao mesmo tempo, seu limite. Pois ela trabalha com a falta e com o lugar onde o sujeito goza e não com reparação. A psicanálise não vai reparar, não vai obturar, mas pode auxiliar no processo de criação de novas formas de atuar na vida. Nesse ponto ela é um discurso subversivo e anticapitalista.

Possibilidade e limite que devem ser considerados no ato de escuta. É preciso que o analista esteja disposto a ouvir para que o sujeito se escute e encontre seu próprio dizer que, muito frequentemente, está emaranhado nos sacos de retalhos da cultura. Restos dispensáveis de confecções de modelos prontos e tamanhos predeterminados. Há algo aí, nessa matéria prima posta de lado, fora da lei. Há a possibilidade de novos arranjos da linguagem, outras combinações de cores e texturas. Suportar remexer, escutar os restos de liguagem fora da norma, os chistes e lapsos. É preciso abrir espaço para novas amarrações desde as diferenças fundamentais que distinguem e enriquecem. Suportar a descombinação desde os padrões anteriores, a diferença, permite o encontro com o novo, com o outro da linguagem.

Psicanálise, movimentos sociais, feminismo e feminismo negro partem de diferentes bases epistêmicas, percorrem diversos caminhos e têm diferentes atuações. Desde suas peculiaridades, seus limites podem ser aproximados proporcionando bordados novos, desenhos constituídos nos pontos de encontros e desencontros, caracterizando espaços de diálogo, de tensão e de suplência: afinal todo sujeito se faz no social e o inconsciente é a política.

Esses espaços de diálogos marcados pela tensão e possibilidades de suplência, acordos e desacordos, permitem que se caminhe claudicando – parte fundamental da jornada.

A Declaração do Fórum das ONGs na Conferência Mundial da ONU contra o Racismo, em seu artigo 118 de 2021, inclui uma definição da abordagem interseccional da discriminação:

> Acolhemos o papel catalizador desempenhado pelas organizações não-governamentais na promoção da educação para os direitos humanos e no aumento da conscientização pública sobre o racismo, discriminação racial, xenofobia e intolerância correlata. Estas instituições também podem ter um papel importante no aumento de sensibilização de tais questões nos órgãos pertinentes das Nações Unidas, baseadas em suas experiências nacionais, regionais e internacionais. Tendo em mente as dificuldades que elas enfrentam, comprometemo-nos a criar uma atmosfera propício para o funcionamento efetivo das organizações não-governamentais de direitos humanos, em particular, organizações não-governamentais anti-racistas, no combate ao racismo, discriminação racial, xenofobia e intolerância correlata. Reconhecemos a situação precária das organizações não-governamentais de direitos humanos, incluindo as organizações não-governamentais anti-racistas, em muitas partes do mundo, e expressamos o nosso compromisso em cumprir nossas obrigações internacionais e de eliminar todo obstáculo ilícito para o seu funcionamento efetivo;[4]

---

[4] III CONFERÊNCIA MUNDIAL CONTRA O RACISMO, DISCRIMINAÇÃO RACIAL, XENOFOBIA E INTOLERÂNCIAS CORRELATAS *Declaração e plano de ação de Durban, 2021*. Disponível em: Declaração e Plano de Ação de Durban (2001) | As Nações Unidas no Brasil, acessado em 02 de março de 2025.

PSICANÁLISE E FEMINISMO NEGRO

É a interseccionalidade que pode contribuir com as trocas para lidar com marcadores de desigualdades e ampliar direitos para que vários corpos e dizeres tenham sua alteridade respeitada e não sejam alvos de violências autorizadas por políticas de opressão de alguns corpos em benefício de outros.

O analista, no exercício do seu ofício, em extensão, pode contribuir como analista cidadão, ouvindo e se posicionando em discussões ao participar em debates na sociedade sobre as questões de seu tempo, atento às políticas de sua época. A ética da psicanálise é respeitar o dizer de cada um – desde que este não seja o de destruir o outro – e, assim, poder sustentar essa diferença radical.

O divã enlaça o coletivo desde a singularidade. Não faz fenômenos de grupos, faz elos de solidariedade, de suporte, de suplência que sustentam a diferença, nos quais o outro não precisa ser destruído para que apenas uma verdade prevaleça.

Esse é o limite da ética da psicanálise, o objetivo não é obturar furos ou apagar sintomas, mas sim inventar outra coisa com isso que insiste em se repetir. Movimento em que o sujeito é impulsionado à vida, à realização de seu desejo, produzindo novos arranjos tecidos com o outro em suas alteridades. Mas, como todo fazer, seu ofício tem recorte específico, tem limite. Como corolário, é necessário ouvir os movimentos feministas, as coletividades, os grupos minoritários, estar atento às novas formas de dominação, acordo de poderes que subjugam, expropriam, colonizam e desumanizam corpos e seus dizeres.

Os movimentos feministas em intersecções com outros discursos, ampliam as discussões de questões sociais como classe, racismo, relações étnicas, capacitismo, sexismo, gênero, meio ambiente, imigração, povos indígenas, sistema prisional, tráficos de pessoas, de armas, de drogas, conflitos e tomada de poder por sistemas fascistas. Lutas essas que devem ser de todos, mas que partem da escuta atenta ao que a população que está na base de um sistema racista tem a dizer, pois é ela que vivencia as violências em seu corpo, na sua bio-grafia, grafada no corpo que é falado e também fala de todas as formas possíveis.

Os movimentos coletivos feministas em intersecção precisam pensar em formas de diminuir danos, de criar leis, direitos, acordos, lutar de forma constante[5] em busca de diminuir a desigualdade social, levando em consideração questões coletivas e, ao mesmo tempo, pontos de vista controversos.

Por sua vez, a psicanálise deve estar aberta ao que acontece na pólis, não ensimesmada e encouraçada. Deve articular-se com as necessidades do momento atual, ocupando novos espaços de escuta. Como já dissemos, é preciso que mantenha em seu horizonte a subjetividade de sua época.

Discursos que opõem nós e eles promovem o ódio e marcam certas subjetividades em seus corpos e dizeres como restos descartáveis ou, quando muito, exploráveis. Esse modo de pensar baseado em "nós/eles" identifica um segmento da população considerado digno dos benefícios da cidadania plena e relega alguns, "outridade", a um status inferior, por vezes, inumano. Somos, nisso, todos responsáveis.

---

[5] Como afirma Angela Davis em seu livro *A liberdade é uma luta constante*. São Paulo: Boitempo, 2018.

A psicanálise busca afastar-se dos efeitos de cola que o grupo traz. É necessário não insuflar o imaginário "nós versus eles" para que diferença radical possa ser encontrada e, a partir dela, construir pontes que se afastem dos efeitos de completude e proporcionem trocas e laços, sem a perda da alteridade e sem subsumir; sem tornar todos um só, preservando o direito de cada um a ser diferente.

Os movimentos feministas são fundamentais nas organizações interseccionais para que as barreiras impostas pelo modelo econômico neoliberal e seu sistema hegemônico sejam quebradas. São os cruzamentos de ideias na luta pela vida que possibilitam movimentos mais amplos por direitos. O feminino na psicanálise trata de uma alteridade radical, com uma criação uma a uma, que aposta em laços costurados por essas diferenças, podendo formar colchas coloridas, mantendo a vivacidade de cada pigmento.

No texto "Mulheres negras e a força matricomunitária", Katiuscia Ribeiro escreve sobre o dom ancestral do feminino nas tradições africanas:

> [...] o poder do feminino, constituído na natureza e no corpo das mulheres, interliga-se com a parte masculina e, nesse encontro, produz a manutenção da vida, sendo revestido por um valor sagrado. Esse valor faz parte da roda cíclica da existência, que busca o equilíbrio dinâmico[...][6]

---

[6] Ribeiro, K. "Mulheres negras e a força matricomunitária" In: Dossiê Filosofia e macumba. *Revista Cult*, no. 254, 27 de janeiro de 2020, edição *online*. Disponível em: Mulheres negras e a força matricomunitária, acessado em 02 de março de 2025.

As mulheres como matrigeradoras e matrigestoras possuem matéria durável com poder de ligar e tecer a vida e é dessa impermanência e aparente fragilidade que surgem as possibilidades de se reinventar e criar. É desse equilíbrio dinâmico que vem sua força para agir sobre os processos de construção da política, da economia da comunidade e da vida, como suporte e estrutura. Segundo Katiuscia Ribeiro

> [...] no momento de dor, a saída era olhar para trás (Sankofa) e firmar um pacto de compromisso com a/o outra/o africana/o escravizada/o, mesmo sendo de etnias diferentes. Mulheres e homens, acolhendo-se com energias ancestrais, olhares, falas, cicatrizes, curas ancestrais, toques, cheiros, afetos, choros, risos e principalmente escutas e observações, reinventavam suas diferenças e resguardavam todas as estratégias de reorganização.[7]

> *Dou respeito às coisas desimportantes e aos seres desimportantes.*
>
> MANOEL DE BARROS[8]

A arte, que com seus contos usa o tempo com coisas banais, nutre as trocas; uma relação com a natureza e com o outro mais afetiva e menos expropriatória, provocando o movimento de gerar e gerir a vida, marcando narrativas. Valores que vão de encontro à pressa da produção e

---

[7] *Ibid.*
[8] BARROS, M. *"O apanhador de desperdícios"* In: BARROS, M. Memórias inventadas. Rio de Janeiro, Alfaguara, 2018.

PSICANÁLISE E FEMINISMO NEGRO

do consumo e ao colapso social em que nos encontramos. Essas mulheres, uma a uma e juntas, com suas palavras, atos e ritmos, constroem e tecem vida, dando importância ao que é considerado desimportante.

Entregam a si mesmas e umas às outras oportunidades de se reinventar e criar novas maneiras de se relacionar com a natureza, com as políticas de corpos, com a diferença e, desse modo, encontrar saídas possíveis ao projeto exploratório capitalista que tem se mostrado inviável para a sobrevivência da terra.

Sem pensar, criam novas formas de políticas de corpos em que o frágil pode ser o forte, constroem novas respostas para a expropriação econômica no neoliberalismo e buscam maneiras de se relacionar com a natureza e com os meios de produção com um novo modo de dar corpo e cores aos movimentos em seus processos de tessitura da vida.

Há um saber concebido no tempo da espera, na pausa que gera movimento em um processo dinâmico e constante. A vida, a comunidade, precisa do tempo de pensar para gerir, tempo da pausa de sentir para criar, gerar dizeres e fazeres, uma borda ao caos, impulsionando, em ritmo próprio, o movimento de passagem, de mudança de lugares e posições, desterritorialização e criação de algo novo.

Nesse contexto, as alteridades não são destruídas, são pura resistência e por isso são capazes de criar formas de funcionamento social que aceitam a diferença, formas menos opressivas, menos devastadores e destrutivas.

Angela Davis escreve sobre a força de resistência a todas as injustiças e violências hierárquicas coloniais de poder e saberes, localiza as mulheres negras na base dessa resistência. "Quando as mulheres negras se ergueem [...] ocorrem mudanças que agitam o mundo[9]". Angela Figueiredo em seu prefácio ao livro *A liberdade é uma luta constante*, de Angela Davis, escreve: "o movimento das mulheres negras desestrutura e desestabiliza as rígidas e consolidadas relações desiguais de poder no sistema capitalista[10]". Os feminismos negros tiveram e têm a potência de movimentar diferentes espaços, de desestabilizar diferentes saberes, inclusive a própria academia, aquela que, de algum modo, considera-se universal, para todos, mas nem todos estão incluídos nesse todo.

Os feminismos negros trouxeram corpos e intelectuais negras e negros para a academia. Pluriversando seus espaços, começaram a provocá-los, a interrogá-los, de modo que ela deixou de ser "uni" e iniciou seu caminhar para um "pluri", com diversidade e alteridades que buscam conviver nas suas diferenças, com suas gagueiras. É aí que a psicanálise pode contribuir, onde está o que manca no discurso social, o que claudica, o que falha e isso fala.

A partir da escuta de Freud dos dizeres das histéricas e Lacan com o feminino como uma posição não-toda na norma fálica, assim como sua escuta aos psicóticos encarcerados em hospitais psiquiátricos públicos, a psicanálise se movimentou, modificou-se e provocou subversões. Portanto, para não paralisar e continuar viva, a psicanálise

---

[9] DAVIS, A. *A liberdade é uma luta constante*. São Paulo: Boitempo, 2018, edição eletrônica.

[10] FIGUEIREDO, A. Prefácio à edição brasileira. In: DAVIS, A. *A liberdade é uma luta constante*. São Paulo: Boitempo, 2018, edição eletrônica.

PSICANÁLISE E FEMINISMO NEGRO

precisa escutar quem está à margem, o que está desencaixa-do e apontar o que está falhando, pois o sujeito se constitui pelo outro e o inconsciente é a política. Só assim a psicaná-lise continuará a ser subversiva, saindo do discurso do um, do discurso capitalista, para uma escuta dos ecos do que foi e é abafado pela colonialidade do poder de um dito sobre os dizeres dos que foram colocados como outridade.

Para que a psicanálise não perca o bonde da história, precisa estar implicada nas discussões atuais sobre racis-mo, sexismo, gênero e todas as formas de marginalizações e opressões. É preciso também entender que ela se fez dentro do contexto eurocêntrico colonial e isso produziu efeitos nos modos como se organiza no campo social.

Umas das formas de implicação é a democratização dos divãs. Criando oportunidade de acesso aos consultó-rios para quem está na margem, quem foi colocado como o resto do resto, acesso ao discurso analítico tanto como pacientes ou, depois do processo analítico, acesso à forma-ção permanente – se for esse o desejo do sujeito. A ação da psicanálise ocorre dentro e fora dos muros dos consultórios. Acontece quando se dá a leitura crítica e atualizada dos conceitos, como a posição feminina que está não-toda na norma e escapa ao binarismo da linguagem. Pois o discurso analítico é oposto ao discurso capitalista e, portanto, não pode ser muro, mas sim pontes.

Isso não é tamponar a falta, mas deixar com que essas faltas cheguem aos consultórios, ouvir o que esses discursos marginais têm a dizer, dar espaço de fala àqueles(as) que tiveram suas vozes caladas e mostrar como os(as) psicana-listas também estão assujeitados a uma cultura colonialista, por isso devem estar abertos à realidade que se apresenta, não podem se calar diante do real do racismo já que em uma análise participam a palavra e o corpo, bem como devem também estar implicados com seu trabalho em extensão como cidadãos analistas. É importante, como responsabilidade ética e política, que a psicanálise promova diferentes discursos, debates, questionamentos e trocas com a sociedade entre diferentes autores(as) e subjetividades, mas com questões comuns a serem atravessadas. Considerando todos os pontos elencados, pergunto-me se o narcisismo dos(as) analistas não atrapalha a condução do trabalho de escuta na clínica e como isso interfere nas instituições psicanalíticas. Dessas questões surge espaço para rever nossa posição diante de realidades marginalizadas e de nossas próprias misérias.

Enquanto cidadãos e analistas, podemos questionar as vantagens de uma elite branca que teve o acesso a boas escolas, condições de saúde, trabalhos bem remunerados, garantias trabalhistas, moradias, empréstimos e todas as vantagens econômicas, sociais e políticas com direitos que deveriam estar disponíveis a todos(as). Há que lembrar que esse contexto foi construído com a exploração dos corpos escravizados do povo negro e indígena, no passado colonial e no presente com as novas formas de exploração colonialista estendidas a todos(as) que são feitos(as) de restos considerados marginais por esse sistema do capital acima do humano.

A psicanálise não ocupa um espaço de salvadora, é subversiva porque escutar o outro nos seus avessos, sem ocupar um lugar moralista sobre o desejo do outro, sem tentar convencer esse outro a seguir um dito caminho, aponta para a sua subversão. O crescimento da extrema direita política no Brasil e no mundo, nos últimos anos, com seu discurso totalitário, conservador, discurso do novo mestre, que é o discurso capitalista, anula espaços para a diferença e ampara um gozo perverso não intermediado pela castração. Por isso que a psicanálise não é para os canalhas, o que poderia vir a produzir um cínico. Também não é moralista, não se trata de procurar o bem do analisante e sim que este entre em contato com suas formas de gozo e se responsabilize por isso. Os canalhas, os cínicos e os moralistas não estão prontos para perder nada, só querem ganhar e rejeitam seus próprios restos. Depositam seus ódios nos outros, sem possibilidade de laço social. A análise nada tem para lhes dar, pois trata de fazer o sujeito entrar em contato com suas misérias e estes nada querem saber disso.

Estamos presenciando, nessa sociedade capitalista, o encontro com discursos narcisistas de grupos de irmandade nos quais a lei só vale em benefício próprio. O limite só é dado a quem está fora do grupo, esse outro que pode ser destruído. Esse é o discurso totalitário, do pai da horda que tinha direito de gozar de todas e todos que, por sua vez, nada podiam. Os filhos tiveram que matar esse pai para criar a lei que valesse para todos e não só para os excluídos.

A experiência com a análise pode autorizar o sujeito a sustentar seu desejo de trabalho, seja lá qual for, de amar mais livre com espaço para cada um ser o que se se quer, de suportar as contingências e o real com menos angústia e, enfim, de poder escrever e inscrever algo no mundo, de encontrar um entusiasmo nas adversidades e sair do gozo contínuo do pesar. Só que isso leva tempo, tempo de ver, o tempo de entender e o tempo de concluir e esse tempo não é um tempo cronológico, mas sim da lógica do inconsciente.

Faz o que tu queres, há de ser tudo da lei.

RAUL SEIXAS[11]

A LEI DO DESEJO

O sujeito pode ficar enganchado nos ditos do Outro, falas ouvidas e repetidas que ecoam e colam como um gozo de ficar nesse lugar, gozo pulsional mortífero. Sair desse lugar é muito subversivo e aí algo se inscreve e se escreve. Ter tido a oportunidade de passar por um processo de análise e ter escutado minhas próprias histórias de mulher branca, nordestina, nortista possibilitou-me ir a lugares e assumir posições que antes pareciam inacessíveis. Caminho solitário e de terreno muitas vezes árido, mas que me ensinou que se perder nem sempre é ruim, afinal muitas vezes para ganhar há que perder. Não tem caminho certo, tem caminho construído, que se faz mancando e cada um, do seu jeito, pode soltar suas próprias correntes. Escutar minhas misérias atravessadas pelos emaranhados dos dizeres de outras mulheres com as quais me encontrei ao longo dessa trajetória, foi o que me possibilitou me apropriar dessas escrevivências.

---

[11] SEIXAS, R. A lei. Álbum: *A pedra do Gênesis*. Phillips Record e Copacabana, 1988.

PSICANÁLISE E FEMINISMO NEGRO

Escrevivências que passaram pela casa grande e as várias mulheres de seu entorno. A menina gasguita que vivia nesses arredores, via e ouvia muitas histórias. Muitas foram temperadas na cozinha. A cozinha era o território do feminino, espaço de conversas, desabafos compartilhados e alguns segredos "semi-ditos", também era cenário de situações muita violentas e de preconceito.

Uma manhã, a menina gasguita viu Vera, que havia criado os filhos e os netos do senhor da casa grande, ser agredida por um dos homens a quem tinha pajeado desde tenra idade. Ele a segurou pelos cabelos e a jogou longe contra a parede, chutando-a disse: "Falei para você ficar de boca calada e cuidado com o que vai falar a partir de agora." Vera tremia inteira, estava gelada, pálida, ela se agarrou à menina gasguita. Chorando dizia que se tivesse alguém por ela isso não aconteceria. A menina gasguita estava aterrorizada, sentindo-se um nada. As duas vivenciaram tal agressão por serem consideradas restos. Mais tarde, Vera engravidou e apesar de ter cuidado de tantas crianças ao longo da sua vida na casa grande, não pode cuidar da sua. Ela deu a criança ao nascer a uma família que poderia cuidar bem de sua menina.

Décadas depois, em tempos de outros ventos, tive notícias da menina gasguita. Gasguita é um significante que diz de uma pessoa que fala pela garganta, gritando e isso trazia um desconforto ao entorno e, na época da casa grande, diziam para ela se calar. Como um faz de conta, pediam para a menina fingir que nada estava acontecendo, ela deveria suportar o insuportável do não dito e continuar invisível, sem cor, transparente aos olhos de todos. Para suportar o insuportável, mas...

> *Línguas selvagens não podem ser domadas, elas podem apenas ser decepadas.*

ANZALDUÁ[12]

Assim, as amídalas da menina gasguita foram arrancadas. Mas cicatrizaram mais tarde, quando pôde falar sobre o que viveu nesses anos.

A menina estudou. Realizou a profecia que ouvia quando pequena no nordeste: foi para São Paulo e fez faculdade! Não conseguiu passar em uma universidade pública. Deu seu jeito! Pagou seu curso com o crédito educativo. Continuou a estudar. Virou doutora! – como dizem dela seus conterrâneos quando perguntam sobre seu paradeiro. Escreveu artigos, capítulos de livros, participou de congressos, deu aulas, viajou pelo mundo. Enfrentou seus fantasmas, bancou seus desejos e nunca mais deixou que a calassem.

---

[12] ANZALDUÀ, G. Como domar uma língua selvagem. *Cadernos de Letras da UFF – Dossiê: Difusão da língua portuguesa*, no 39, 2009, p. 306.

A COLCHA COLORE O LEITO DE OUTROS SONHOS

Quando criança tinha uma prima que era a dona da bola. Íamos para a casa dela brincar e ela decidia quem entrava e quem ficava de fora. Um dia ela deixou meu irmão para fora, olhando pelo portão. Quando vi ele lá fora, olhando a gente brincar, eu resolvi sair e ficar com ele. Não foi uma decisão fácil, mas fui firme e saí do local onde o outro queria me colocar.

Essa prima um dia apareceu com uma maçã na mão, na época uma fruta bem cara. Fruta de gente rica. A prima rica pode ter aparecido com outros alimentos ou outros objetos mas, foi a maçã que fez marca de falta.

Objeto não permitido, inalcançável, se tornou objeto *a*, causa de desejo. Quando pude comê-las vi que não eram tudo isso. Nem eram tão gostosas como imaginava, eram sem graça. Por muito tempo quando passava por uma banca de mercado com maçãs sentia o cheiro de falta no ar.

O cheiro do desejo, mas também do gozo sobre um objeto perdido desde sempre.

Em algum momento esse cheiro da falta se perdeu e as maçãs se tornaram só mais uma fruta cheirosa como tantas outras, manga, tangerina... Pude deslizar nos meus objetos de desejo. Depois de peneirado o cheiro da falta das maçãs o que restou foi uma escrita, hoje com outra inscrição.

As maçãs

Os cheiros das maçãs
Me tocam os sentidos
Me dá um desejo de possuí-las

Mas ao mordê-las, acontece o nada
São sem graça, sem sabor
Só resta a lembrança de um desejo
Que causou

Causou falta
Falta a ser...
De bom ficou o cheiro e nada mais.

O cheiro do desejo
Com o sabor da falta.

Este livro foi impresso em março de 2025
pela Gráfica Paym para Aller Editora.
A fonte usada no miolo é Adobe Caslon Pro corpo 11,5.
O papel do miolo é Chambril Avena 80 g/m².